– aus dem rituellen Wechselgespräch zur Einweihung in den Grad
des Elect(ed Knight) of Nine des Schottischen Ritus [I] –

Faust und Wagner auf dem (Oster-)Spaziergang, Gustav Schlick

*An old legend in Masonry says
that a dog led the Nine Elus to the cavern
where Abiram was hid.* [II]

– Albert Pike –

[I] Wechselgespräch aus: Carlile, Richard, *Manual of Freemasonry*, S. 264.

[II] Die „Nine Elus" beziehen sich auf die neun Auserwählten, die sich auf den Weg machten, um einen der Mörder, Abiram genannt, von ihrem sagenhaften Großmeister Hiram zu stellen. Zitat aus: Pike, Albert, *Morals and Dogma of the Ancient and Accepted Scottish Rite of Freemasonry*, S. 489. Für die folgenden Betrachtungen des vorliegenden Beitrages ist noch Pikes Hinweis auf die Entsprechung zu Anubis anregend, „who bore the head of a dog, and aided Isis in her search."

Wie Himmelskräfte auf und nieder steigen
Und sich die goldnen Eimer reichen!
Mit segenduftenden Schwingen
Vom Himmel durch die Erde dringen,
Harmonisch all' das All durchklingen!

Welch Schauspiel! aber ach! ein Schauspiel nur!
Wo faß' ich dich, unendliche Natur?
(*Faust I*, V. 449-455)

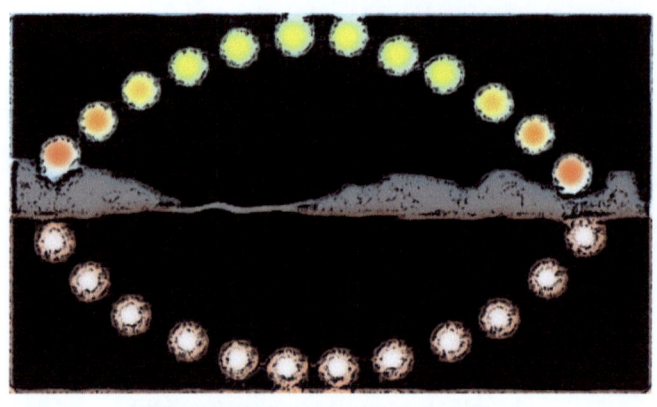

Und wandelt, mit bedächtger Schnelle,
Vom Himmel, durch die Welt, zur Hölle.
(*Faust I*, V. 241 f.)

Die Sonne tönt, nach alter Weise,
In Brudersphären Wettgesang,
Und ihre vorgeschriebne Reise
Vollendet sie mit Donnergang.
(*Faust I*, V. 243-246)

Goethes „Faust",

der Freimaurer-Code

und die Vorbilder aus den
antiken Geheimkulten

wie den
Mysterien
von Isis und Eleusis.

Goethes „Faust"-Dichtung
betrachtet
als Eingeweihten-Drama
im Sinne
der Freimaurerei und der antiken Priesterkulte.

Eine neue Stufe der Goetheforschung?

Von George Cebadal.

Bibliografische Information der Deutschen Nationalbibliothek:
Die Deutsche Nationalbibliothek verzeichnet diese Publikation
in der Deutschen Nationalbibliografie; detaillierte bibliografische
Daten sind im Internet über http://dnb.dnb.de abrufbar.

Herstellung und Verlag:
BoD – Books on Demand, Norderstedt

ISBN: 9783751937641

Geheimnißvoll am lichten Tag
Läßt sich Natur des Schleyers nicht berauben,
Und was sie deinem Geist nicht offenbaren mag,
Das zwingst du ihr nicht ab mit Hebeln und mit Schrauben.
(*Faust I*, V. 672-675)

Die verschleierte Isis mit charakteristischem Sistrum als Personifikation der
Natur; drei Genien mit wissenschaftlichem Instrumentarium als Naturforscher,
die versuchen das Wesen der Isis/Natur anhand ihrer Fußabdrücke näher
zu ergründen.

(Titelbildmotiv von Segners *Natur-Lehre*.)

Inhalt

1. Einleitende Worte..9

2. Zur Bedeutsamkeit der Kultur der Einweihungsmysterien............11

> u. a.: Verbindung von Freimaurerei und antiken Mysterien ·
> freimaurerische Verbindung Wien–Weimar: Mozart, von Born,
> Reinhold, Schiller · Forschen nach Wahrheit als Ziel der
> Freimaurerei (von Born) und antiker Mysterienkulte (Sokrates,
> Plutarch) · Fausts Erkenntnissuche im Sinnbild der verschleierten
> Isis/Natur/Wahrheit · damalige Popularität des Isis-Sinnbildes
> über die Freimaurerei hinaus (Kant, Schiller) · Apuleius' Isis-
> Mysterien · Fausts Wette mit Mephisto als sokratische Mysterien-
> Philosophie der Löslösung von allem Irdischen

3. Die Nachahmung des Sonnengottes als ein zentrales
   Motiv der Mysterieneinweihung am Beispiel des
   Euphorions – und die prinzipiellen Entsprechungen zu
   Eleusis..22

4. Die Mysterieneinweihung als Theaterkonzept im *Vorspiel
   auf dem Theater*..26

5. Das Mysterienthema und die verborgene Mysterieneinweihung in den Szenen *Nacht* und *Vor dem Thor*.............29

   5.1 Der Lauf der Gestirne durch die Erde als Sinnbild
       der offenbarenden Natur...29

   5.2 Fausts Nachahmung des Sonnengottes auf dem
       „Feuerwagen"..31

   5.3 Die Szenen *Nacht* und *Vor dem Thor* als
       verborgene Mysterieneinweihung, wie sie bspw. in
       dem von Stobaios überlieferten Fragment *Über die
       Unsterblichkeit der Seele* geschildert wird.....................36

6.   Kl. Ausblick von der *Hexenküche*..43

6.1   Überlagerung verschiedener Mysterienbilder.....................43

6.2   Der rote Faden von Sokrates' Mysterien der Liebe
       (nach Platons *Symposion*)..46

7.   Abschließende Worte...50

8.   Anhang...52

8.1   Sokrates' Mysterien der Liebe in Platons
       Symposion..52

8.1.1   Unsterbliche Kinder..52
8.1.2   Der Weg zur Urschönheit und die aus dem Urschönen
        entstehenden Taten der Unsterblichkeit..55

8.2   Bonmots...58

8.2.1   Mesomedes' *Isishymnus*...58
8.2.2   Aus der *Olympischen Rede* von Dion Chrysostomos............................59
8.2.3   *Aus Makariens Archiv*, Goethe..60

9.   Weitere Literaturinformationen...62

1. Einleitende Worte

Die *Faust*-Dichtung ist ein Eingeweihten-Drama im Sinne der Mysterienweihen der antiken Priesterkulte und der Freimaurerei. Goethe verband damit nicht weniger als den „höhere[n] Sinn" seiner *Faust*-Dichtung, wie er es im Gespräch mit Eckermann über die *Helena*-Dichtung, also den dritten Akt in *Faust II*, zum Ausdruck brachte:

> *Wenn es nur so ist, daß die Menge der Zuschauer Freude an der E r s c h e i n u n g hat; dem Eingeweihten wird zugleich der höhere Sinn nicht entgehen, wie es ja auch bei der „Zauberflöte" und andern Dingen der Fall ist.*[1]

Auf die Mysterien von Eleusis weist Goethe dann gegenüber Carl Jacob Ludwig Iken als Erklärung seiner *Helena*-Dichtung hin und macht anschließend „wegen anderer dunkler Stellen in früheren und späteren Gedichten"[2]

---

[1] Eckermann: *Gespräche mit Goethe in den letzten Jahren seines Lebens*, Bd. 1, S. 219.

[2] „Von einer Seite wird dem Philologen nichts Geheimes bleiben, er wird sich vielmehr an dem wiederbelebten Alterthum, das er schon kennt, ergötzen; von der andern Seite wird ein Fühlender dasjenige durchdringen, was gemüthlich hie und da verdeckt liegt: Eleusis servat quod ostendat revisentibus [Eleusis bewahrt für sich, was es erst den Wiederkehrenden offenbaren mag. Seneca, *Naturales quaestiones*, VII, 31,6.] und es soll mich freuen, wenn dießmal auch das Geheimnißvolle zu öfterer Rückkehr den Freunden Veranlassung gibt. [...] Auch wegen anderer dunkler Stellen in früheren und späteren Gedichten möchte ich Folgendes zu bedenken geben: Da sich gar manches unserer Erfahrungen nicht rund aussprechen und direct mittheilen läßt, so habe ich seit langem das Mittel gewählt, durch einander gegenüber gestellte und sich gleichsam in einander abspiegelnde Gebilde den geheimeren Sinn dem Aufmerkenden zu offenbaren. Da alles, was von mir mitgetheilt worden, auf Lebenserfahrung beruht, so darf ich wohl andeuten und hoffen, daß man meine Dichtungen auch wieder e r l e - b e n wolle und werde." (Goethe: *An Iken am 27.9.1827*, S. 82 f.) – Hierzu ließe sich nun schon einmal vergegenwärtigen, dass die Mysterien von Eleusis als unsagbare Weihe („arrhetos telete"; Burkert, *Antike Mysterien*, S. 16) galten und darin vor allem die Schicksale der eleusinischen Götter (Demeter/Ceres, Persephone/Proserpina, Dionysos/Bachus) nachgespielt

Andeutungen, die in ihrer Sprache und ihrem Wesen auf die Mysterien hindeuten. Die Schönheit und Genialität einiger solcher dunkler Stellen möchte ich mit diesem kleinen Aufsatz aus der Finsternis hervorbringen und außerdem die zu Grunde liegende Kultur sowie den Geist der Mysterien bekannter machen.

---

bzw. nacherlebt wurden („Die Gebräuche selbst waren mimisch-symbolischer Art, eine Darstellung der heiligen Geschichte der eleusinischen Gottheiten durch Zeichen, Handlungen, Ausrufungen und Gesänge."; Artikel „Eleusinien" in Vollmers *Wörterbuch der Mythologie*, S. 184).

2. Zur Bedeutsamkeit der Kultur der Einweihungsmysterien

Dem Chorus mysticus, also zu Deutsch dem zu den Mysterien gehörigen Chor, gehören die letzten Worte der zweiteiligen *Faust*-Dichtung. Das Wesen der Mysterien ist wie das Wesen und Thema der *Faust*-Dichtung die Suche nach Wahrheit. Sokrates berichtet davon beispielsweise in Platons *Phaidon*:

> *Denn, sagen die, welche mit den Weihen zu tun haben, Thyrsosträger[3] sind viele, doch echte Begeisterte wenig. Diese aber sind, nach meiner Meinung, keine anderen, als die sich auf rechte Weise der Weisheit beflissen haben, deren einer zu werden auch ich nach Vermögen im Leben nicht versäumt, sondern mich auf alle Weise bemüht habe.[4]*

Neben der unmittelbaren Bewunderung für die griechisch-römische Kultur erschließt sich für Goethe noch ein starker Berührungspunkt mit den antiken Mysterien über seine Arbeit als Freimaurer, denn in Goethes Umfeld gab es eine spezielle Auslegung der Freimaurerei, die sich in der Tradition der Mysterienkulte des Altertums sah und sich der Erforschung dieses Erbes widmete. Ein wichtiges Zentrum solcher Forschungsarbeiten war die Wiener Freimaurerloge „Zur Wahren Eintracht" – Mozart war dort häufig zu Gast gewesen und durch Carl Leonhard Reinhold[5] gibt es eine

---

[3] Der Thyrsosstab wurde von den Feiernden der Dionysosmysterien getragen.

[4] Platon: *Phaidon*, S. 746.

[5] Reinhold war Bruder in der Loge „Zur Wahren Eintracht" und musste 1783 aus Wien flüchten. 1784 kam er nach Weimar, heiratete 1785 eine Tochter von Wieland und bekam 1787 eine Professur in Jena. Bis 1788 schrieb Reinhold Artikel für das *Journal für Freimaurer*, welches von der Loge „Zur Wahren Eintracht" herausgegeben wurde.

direkte Verbindung nach Weimar und im Besonderen zu Schiller[6].

Ignaz von Born, der Logenmeister der Wiener Forschungsloge, erkannte in den ägyptischen Mysterien das Wesen der eigenen freimaurerischen Tempelarbeit wieder.[7] „Wahrheit und Weisheit", schreibt von Born, „war das Ziel der Arbeiten des ägyptischen Priestertums" und dann zitiert er ausgiebig den Anfang von Plutarchs *Isis und Osiris*, wovon ich einen eindrücklichen Teil wiedergeben möchte:

> *Das Forschen nach Wahrheit ist daher ein edler Wunsch sich der Gottheit zu nähern. Sie ist die heiligste aller Beschäftigungen, die in unseren Mysterien vorgehen, die angenehmste jener Göttin, die als weiseste in unsern Tempel verehrt wird. [...] Werden nicht die Priester in unsern Versammlungsörtern zur Mäßigkeit und Ordnung angeführt, und aller unnötigen Pracht entfernet, um nicht die Geweihten dadurch von dem Forschen nach den Eigenschaften des höchsten Wesens, welches die Quelle der Weisheit ist, abzuwenden? Wird nicht aus diesem Grunde unser Tempel Iseium genannt, weil man nur durch die Kenntnis der Isis, das ist der Natur, zu jener der Gottheit gelanget.*[8]

In seiner ersten Szene denkt Faust die Suche nach Wahrheit im Mysteriensinnbild der verschleierten Isis zu Sais, die damals üblicherweise mit der Natur gleichgesetzt wurde:

---

[6] Schillers theoretische Schrift *Die Sendung Moses* fußt maßgeblich auf der Grundlage von Reinholds *Über die ältesten hebräischen Mysterien*, wie Schiller am Ende selbst schreibt: „Ich muß die Leser dieses Aufsatzes auf eine Schrift von ähnlichem Inhalt: *Ueber die ältesten hebräischen Mysterien von Br. Decius*, verweisen, welche einen berühmten und verdienstvollen Schriftsteller zum Verfasser hat und woraus ich verschiedene der hier zum Grund gelegten Ideen und Daten genommen habe." (S. 95) Decius ist der Deck- und Ordensname von Reinhold.
[7] Born: *Ueber die Mysterien der Aegypter*, S. 98 f.
[8] Born: *Ueber die Mysterien der Aegypter*, S. 127 f.

Was grinsest du mir hohler Schädel her?
Als daß dein Hirn, wie meines, einst verwirret,
Den leichten Tag gesucht und in der Dämmrung schwer,
Mit Lust nach Wahrheit, jämmerlich geirret.
Ihr Instrumente freylich, spottet mein,
Mit Rad und Kämmen, Walz' und Bügel.
Ich stand am Thor, ihr solltet Schlüssel seyn;
Zwar euer Bart ist kraus, doch hebt ihr nicht die Riegel.
Geheimnißvoll am lichten Tag
Läßt sich Natur des Schleyers nicht berauben,
Und was sie deinem Geist nicht offenbaren mag,
Das zwingst du ihr nicht ab mit Hebeln und mit
Schrauben.[9]

Das Bild vom Schleier der Isis findet sich ebenfalls in Plutarchs *Isis und Osiris*, worin es als eine Inschrift zur Statue der Isis in der Tempelanlage zu Sais überliefert wird. Damals zu Zeiten Goethes war der Schleier der Isis über die Freimaurerei hinaus in freidenkerischen und intellektuellen Kreisen ein äußerst bekanntes Motiv. Kant hatte es in seine *Critik der Urtheilskraft* aufgenommen und sogar erwogen:

Vielleicht ist nie etwas Erhaberenes gesagt oder ein Gedanke erhabener ausgedrückt worden, als in jener Aufschrift über dem Tempel der Isis (der Mutter Natur): „Ich bin alles, was da ist, was da war, und was da sein wird, und meinen Schleier hat kein Sterblicher aufgedeckt."[10]

Die Isis ist hier ein Sinnbild für das eine Wesen, das alles ist. Der Schleier der Isis steht dabei für die Grenzen menschlicher Erkenntnis im Diesseits, denn er verdeckt den Lebenden den Blick, sodass sie nie das Ganze, die ganze Wahrheit, erkennen können. Dadurch ergibt sich für die

---

[9] *Faust I*, V. 664-675.
[10] Kant: *Kritik der Urteilskraft*, S. 171.

Priester der Isis ein „anhaltendes Forschen"[11], welches sich zeitlebens nie in der Findung der Wahrheit erfüllen kann. Es lässt sich darin eine gewisse Tragik sowie das faustische Wesen wiedererkennen, welches allgemein hin als „stets nach neuem Erleben und Wissen, nach immer tieferen Erkenntnissen strebend und nie befriedigt"[12] aufgefasst wird.

Ein anschauliches sowie populäres Beispiel für die Gleichsetzung der Isis mit der Wahrheit findet sich in Schillers Ballade *Das verschleierte Bild zu Sais* und prägnant heißt es in Schillers Gedicht *Die Worte des Wahns*:

> *Solang er [der Mensch] glaubt, daß dem ird'schen*
> *Verstand*
> *Die Wahrheit je wird erscheinen –*
> *Ihren Schleier hebt keine sterbliche Hand;*
> *Wir können nur raten und meinen.*[13]

Ein interessantes Zeugnis für Goethes eigene Vorstellungen ist der Aufsatz *Die Natur*, worin zumindest Goethe selbst, wie er an den Kanzler Friedrich von Müller schrieb, seine Hand und seine Vorstellungen, „die Neigung zu einer Art von Pantheismus"[14], wiedererkannte:

> *Sie [die Natur] ist alles. [...] Alles ist immer da in ihr.*
> *Vergangenheit und Zukunft kennt sie nicht. Gegenwart*
> *ist ihr Ewigkeit. Sie ist gütig. Ich preise sie mit allen*
> *ihren Werken. [...] Jedem erscheint sie in einer eigenen*
> *Gestalt. Sie verbirgt sich in tausend Namen und Termen*
> *und ist immer dieselbe.*[15]

Der letzte Teil hiervon findet sich in Apuleius' Romanerzählung *Metamorphosen*, Assmann/Ebeling

---

[11] Born: *Ueber die Mysterien der Aegypter*, S. 70.
[12] Aus dem Artikel „faustisch" der Internetseite *Duden.de*.
[13] Schiller: *Die Worte des Wahns*, S. 323.
[14] Goethe: *An den Kanzler Friedrich von Müller am 24. Mai 1828*, S. 48.
[15] Goethe: *Die Natur*, S. 47.

zufolge „[d]ie wichtigste Quelle für das abendländische Bild der antiken Mysterien im Allgemeinen und der ägyptischen im Besonderen"[16],[17] als Darstellungen von der „Königin Isis"[18], der „vielnamigen Göttin"[19] und „Allmutter Natur"[20], wieder, „welche unter so mancherlei Gestalt, so verschiedenen Bräuchen und vielerlei Namen der ganze Erdkreis verehret".

Eben diese vielnamige Göttin Isis bildet den krönenden Abschluss von Fausts Suche nach Wahrheit und zwar in der Gestalt der Mater gloriosa. Ähnlich wie der Protagonist in Apuleius' Erzählung seine Anrufung der Isis mit dem Titel „Königin des Himmels"[21] beginnt, so erkennt Faust in der vorbeiziehenden Mater gloriosa sogleich die „Himmelskönigin"[22] und bittet sie, ihr „Geheimniß schauen"[23] zu dürfen – also die Schau (die Epoptie) des Geheimnisses (des Mysteriums), was die Mysterieneinweihung meint. Mit seinen letzten Worten im Drama fleht Faust die Mater gloriosa unter den Anrufungen „Jungfrau,

---

[16] Assmann/Ebeling: *Ägyptische Mysterien. Reisen in die Unterwelt in Aufklärung und Romantik*, S. 29.

[17] Man bedenke dazu, dass es damals üblich war, den ägyptischen Mysterien eine besondere Bedeutung als Urmysterien zuzusprechen. Schiller beschreibt die ägyptischen Mysterien in seinem an William Warburton und Reinhold orientierten Aufsatz *Die Sendung Moses* als „das Vorbild, wornach in der Folge die Mysterien in Eleusis und Samothrazien, und in neuern Zeiten der Orden der Freymaurer sich gebildet hat." (S. 74) Apuleius' *Metamorphosen*-Erzählung war damals im Kontext der Mysterien kein unbedeutender Randtext, sondern für von Born gilt Apuleius als „der einzige aus allen älteren Schriftstellern, welcher die äußeren Umstände seiner Einweihung in die ägyptischen Mysterien einigermaßen berichtet" (S. 94). Darüber hinaus gibt von Born dann die in den *Metamorphosen* geschilderte ägyptische Einweihung ausgiebig wieder, um auf zahlreiche Ähnlichkeiten zur Einweihung des Maurers hinzuweisen (S. 95-99).

[18] Apuleius: *Metamorphosen*, Bd. 2, S. 200.

[19] Apuleius: *Metamorphosen*, Bd. 2, S. 223.

[20] Apuleius: *Metamorphosen*, Bd. 2, S. 199.

[21] Apuleius: *Metamorphosen*, Bd. 2, S. 195.

[22] *Faust II*, V. 11995.

[23] *Faust II*, V. 12000.

Mutter, Königin, / Göttin"[24] um Gnade an. Fausts Suche nach Wahrheit, die im Sinnbild der verschleierten Mysteriengöttin Isis begonnen hatte, findet auch ihren Abschluss in diesem Sinnbild.

Ob sich Fausts Wunsch, der Mater gloriosa „Geheimniß schauen" zu dürfen, erfüllt hat, deutet der Chorus mysticus mit den letzten Worten der ganzen *Faust*-Dichtung an:

Das Unbeschreibliche
Hier ist es gethan;
Das Ewig-Weibliche
Zieht uns hinan.[25]

„Das Unbeschreibliche" bezieht sich auf die nicht in Worte zu fassende Erfahrung der Mysterieneinweihung, wie man beispielsweise die Mysterienfeier von Eleusis als unsagbare Weihe (arrhetos telete) bezeichnet hatte.[26] Ganz ähnlich dazu findet sich bei von Born zur Einweihung in die Isis-Mysterien der Hinweis, „dass der Oberpriester mit den umstehenden Eingeweihten durch Zeichen sprach, die, nach dem Geständniße des Apuleius, mehr als Worte ausdrückten"[27]. Sehr eindrücklich ist noch Assmanns Hinweis auf eine Passage in William Warburtons († 1779) *The Divine Legation of Moses* (*Die göttliche Sendung Moses*), auf dessen Titel Schiller mit dem Aufsatz *Die Sendung Moses* direkt Bezug nimmt:

Warburtons für die Zeitgenossen maßgebliche Übersetzung dieser Stelle [eine Textpassage von Clemens von Alexandria über die großen Mysterien] arbeitet den entscheidenden Punkt der sprachlosen,

---

[24] *Faust II*, V. 12102 f.

[25] *Faust II*, V 12108-12111.

[26] In *Isis und Osiris* beschreibt Plutarch die Sprache über das Göttliche, das göttliche Wort, als „unter den Menschen noch jung unvollendet und unausgewachsen" (Kap. 68, S. 119). Ferner siehe insbesondere bezüglich der Terminologie: Burkert, *Antike Mysterien*, S. 16.

[27] Born: *Ueber die Mysterien der Aegypter*, S. 98.

mystischen Schau noch dramatischer heraus: „*The doctrines delivered in the Greater Mysteries concern the universe. Here all instruction ends. Things are seen as they are; and Nature, and the workings of Nature, are to be seen and comprehended.*"[28]

Diese Schau der Natur hat sich für Faust am Ende der *Faust*-Dichtung allem Anschein nach erfüllt. Es ist das „Unbeschreibliche", was hier „gethan" ist.

Allerdings ereignet sich dies Geschehen nach Fausts Grablegung und stellt keine irdische Mysterienweihe dar, sondern es scheint sich hier für Faust die Hoffnung zu erfüllen, die auch Sokrates für seine Seele nach dem Tode hegte.[29] Darüber hinaus lassen sich eine ähnliche

---

[28] Assmann: *Das verschleierte Bild zu Sais. Schillers Ballade und ihre ägyptischen und griechischen Hintergründe*, S. 30 f.

[29] Hier optional zur besseren Anschaulichkeit und Nachvollziehbarkeit der folgenden Darstellungen eine beispielhafte Passage aus Sokrates' Gespräch in Platons *Phaidon*:

„Sondern vielmehr verhält es sich so, wenn sie [die Seele] sich rein losmacht und nichts von dem Leibe mit sich zieht, weil sie mit gutem Willen nichts mit ihm gemein hatte im Leben, sondern ihn floh und in sich selbst gesammelt blieb und dies immer im Sinn hatte, was nichts anders heißen will, als daß sie recht philosophierte und darauf dachte, leicht zu sterben; oder hieß dies nicht auf den Tod bedacht sein?

Allerdings ja.

Also welche sich so verhält, die geht zu dem ihr Ähnlichen, dem Unsichtbaren, und zu dem Göttlichen, Unsterblichen, Vernünftigen, wohin gelangt ihr dann zuteil wird glückselig zu sein, von Irrtum und Unwissenheit, Furcht und wilder Liebe und allen andern menschlichen Übeln befreit, indem sie, wie es bei den Eingeweihten heißt, wahrhaft die übrige Zeit mit Göttern lebt. Wollen wir so sagen, o Kebes, oder anders?

So, beim Zeus, sprach Kebes.

Wenn sie aber, meine ich, befleckt und unrein von dem Leibe scheidet, weil sie eben immer mit dem Leibe verkehrt und ihn gepflegt und geliebt hat und von ihm bezaubert gewesen ist und von den Lüsten und Begierden, so daß sie auch glaubte, es sei überhaupt gar nichts anderes wahr als das Körperliche, was man betastet und sieht, ißt und trinkt und zur Liebe gebraucht, und weil sie das für die Augen Dunkle und Unsichtbare, der Vernunft hingegen Faßliche und mit Wahrheitsliebe zu Ergreifende gewohnt gewesen ist zu hassen und zu scheuen und zu fürchten, – meinst

Sinnbildlichkeit und die von Sokrates beschriebenen Gründe für seine Hoffnung wiederfinden, die im Grunde das Wesen von der Wette mit Mephisto darstellen. Denn in dem Wunsch auf Erden im Augenblick zu verweilen,[30] zeigt sich der Hang nach irdischen Genüssen und irdischem Glück. Durch diesen Hang zum Irdischen bleibt jedoch ebenso die Seele nach ihrem Tod schwerfällig der Erde und dem Körperlichen zugewandt, wodurch sie im irdischen Kreislauf wiedergeboren wird. Doch Faust lässt sich von Mephisto nicht „mit Genuß betrügen"[31], wie es Mephisto

---

du, daß eine so beschaffene Seele sich werde rein für sich absondern können?

Wohl nicht im mindesten, sprach er.

Sondern durchzogen von dem Körperlichen, womit sie durch den Umgang und Verkehr mit dem Leibe, wegen des ununterbrochenen Zusammenseins und der vielen Sorge um ihn, gleichsam zusammengewachsen ist?

Freilich.

Und dies, o Freund, muß man doch glauben, sei unbeholfen und schwerfällig, irdisch und sichtbar, so daß auch die Seele, die es an sich hat, schwerfällig ist und wieder zurückgezogen wird in die sichtbare Gegend aus Furcht vor dem Unsichtbaren und der Geisterwelt, wie man sagt, an den Denkmälern und Gräbern umherschleichend, an denen, daher auch allerlei dunkle Erscheinungen von Seelen gesehen worden sind, wie denn solche Seelen wohl Schattenbilder darstellen müssen, welche nicht rein abgelöst sind, sondern noch teil haben an dem Sichtbaren, weshalb sie denn auch gesehen werden.

Das leuchtet wohl ein, o Sokrates.

Und freilich leuchtet auch ein, o Kebes, daß dies nicht die Seelen der Guten sind, sondern die der Schlechten, welche um dergleichen gezwungen sind herumzuirren, Strafe leidend für ihre frühere Lebensweise, welche schlecht war. Und so lange irren sie, bis sie durch die Begierde des sie noch begleitenden Körperlichen wieder gebunden werden in einen Leib." (S. 763 f.)

[30] Fausts Worte über die Wette; dabei der „Genuß" als irdische Lust/Leibeslust am anschaulichsten wiederzuerkennen und gemäß eines Klimax am auffälligsten platziert: „Werd' ich beruhigt je mich auf ein Faulbett legen, / So sey es gleich um mich gethan! / Kannst du mich schmeichelnd je belügen, / Daß ich mir selbst gefallen mag, / Kannst du mich mit Genuß betrügen; / Das sey für mich der letzte Tag! / Die Wette biet' ich! [...] Werd' ich zum Augenblicke sagen: / Verweile doch! du bist so schön! / Dann magst du mich in Fesseln schlagen". (V. 1692-1701)

[31] Teil von Fausts Wette mit Mephisto: „Kannst du mich mit Genuß betrügen; / Das sey für mich der letzte Tag! / Die Wette biet' ich!" (V. 1696 ff.)

dann entsprechend nach Fausts Tod feststellt: „Ihn sättigt keine Lust, ihm gnügt kein Glück"[32]. Faust zeigt sich im entscheidenden Moment vor seinem Tod willig zu sterben und möchte „den höchsten Augenblick"[33] genießen. So kann sich Fausts Seele von dem Körperlichen sowie dem Irdischen trennen und dem sokratischen Sinnbild entsprechend sich in die Höhe zum Göttlichen erheben. In der Szene *Bergschluchten* wird dies durch die Engel vermittelt, die „Faustens Unsterbliches"[34] in die Höhe tragen und dabei verkünden: „Wer immer strebend sich bemüht / Den können wir erlösen"[35]. Die Berge lassen darin ein Sinnbild für den Wohnsitz der Götter erkennen, wie der Olymp oder wie man von der Göttin Kybele als die Mutter vom Berg sprach. Dort begegnet ihm Gretchen, die explizit auf Fausts Entfesslung vom irdisch Körperlichen hinweist: „Sieh wie er jedem Erdenbande / Der alten Hülle sich entrafft".[36] Für Gretchens Unsterblichkeit spricht, dass sie sich vor ihrer Hinrichtung der Rettung ihres Leibes verweigert hat und sich stattdessen zuversichtlich dem „Gericht Gottes [...] übergeben"[37] hat.[38] Dann widerfährt

---

[32] *Faust II*, V. 11587.

[33] *Faust II*, V. 11586.

[34] *Faust II*, V. 11933 f.; ähnlich dazu: V. 11824 f.

[35] *Faust II*, V. 11936 f.

[36] *Faust II*, V. 12088 f.

[37] *Faust I*, V. 4605.

[38] **Erstens:** Dazu eine prägnante Stelle aus Platons *Phaidon*: „Also, sagte er, ist dir auch das wohl ein hinlänglicher Beweis von einem Manne, wenn du ihn unwillig siehst, indem er sterben soll, daß er nicht die Weisheit liebte, sondern den Leib irgendwie; denn wer den liebt, der ist auch geldsüchtig und ehrsüchtig, entweder eines von beiden oder beides." (S. 745) **Zweitens:** Man mag auch an die Worte der *Zauberflöte* denken: „Ein Weib, das Nacht und Tod nicht scheut. / Ist würdig, und wird eingeweiht." (S. 53, II,28.) **Drittens:** Ferner möchte ich noch auf einige Gretchen betreffende Eingeweihten-Symbolik aufmerksam machen: Hexen „weihen" (V. 4403) Gretchens Hinrichtungsplatz; die Gretchen-Erscheinung in der *Walpurgisnacht* „scheint mit geschloßnen Füßen zu gehen" (V. 4186) und sie wird ihren Tod durch das Henkerbeil vorausdeutend mit dem sprachlichen Bild beschrieben „Wie sonderbar muß diesen schönen Hals / Ein einzig rothes Schnürchen schmücken, / Nicht breiter als ein Messerrücken" (V. 4203 ff.) – aus Freimaurerritualen sind unterschiedliche

Faust durch die Epiphanie der Mater gloriosa allem Anschein nach das „Unbeschreibliche" der Mysterienerfahrung durch die Gottheit – das „Ewig-Weibliche" –, wodurch er „hinan" noch „zu höhern Sphären"[39] gehoben wird. Demnach ist Fausts Seele nicht auf der Erde verblieben, sondern er hat sich im sokratischen Sinne auf „rechte Weise der Weisheit beflissen", sodass Faust am Ende bei den Göttern wohnt:

Und so mögen auch diejenigen, welche uns die Weihen angeordnet haben, gar nicht schlechte Leute sein, sondern schon seit langer Zeit uns andeuten, wenn einer ungeweiht und ungeheiligt in der Unterwelt[40]

Arten derartig den Gang zu behindern (bspw. spricht Burkhard Schröder in dem Artikel *Aufnahme in die Bruderschaft* von „einem Pantoffel", der einseitig als ungleiches Schuhpaar getragen wird, „so dass der junge Mann hinkt") und Schnurr sowie Messer bekannt (ähnlich dazu werden Strick und Dolch in Mozarts *Zauberflöte* bei den Selbstmordgedanken von Papageno und Pamina inszeniert); sehr trefflich berichtet Richard Carlile über den 1. Grad von „a cable-tow placed round your neck" und man ist „slipshod" (im Sinne des alten Engl. fand dies auch als lose/offene/ungebundene Schuhe Eingang in Freimaurerrituale) um zu lernen, „to be as [...] feet to the lame" (S. 29 f.), wozu dann über die Gretchen-Erscheinung zu hören ist: „Sie schiebt sich langsam nur vom Ort" (V. 4185); darüber hinaus wird in *Jesua Jaob an die Wanderer im Thale Josaphat* von einem Anonymus berichtet, dass in einem Ritual dem Freimaurer ein Leichnam gezeigt wird: „In einigen [Logen] hat der Leichnam eine Wunde auf der Stirn; in andern sieht man, daß der Kopf ehemals abgehauen, aber wieder mit dem Körper vereinigt ist." (S. 10)

[39] *Faust II*, V. 12094.

[40] Zum möglichen Missverständnis der nur sinnbildlichen Unterwelt: „Die dieser Vorstellung zum Grunde liegende Wahrheit wird oft missverstanden und verwirrt die Menge, die da glaubt, der heilige und geweihte Osiris wohne wirklich in und unter der Erde, worin man die Leiber derer verbirgt, die an's Ziel gekommen zu sein scheinen. In der That aber weilt er sehr entfernt von dieser Erde, unbefleckt unberührt und befreit von allem irdischen, dem Tode und Verderben unterworfenen Wesen. Die Seelen der Menschen hienieden, von Körpern und Leidenschaften umfangen, haben keine Gemeinschaft mit Gott, und nur ein schwaches Traumbild berühren sie durch den philosophischen Gedanken. Wenn sie aber erlöst in das ewige unsichtbare ruhige und heilige Reich hinübergehn, dann ist ihnen Osiris Führer und König; an ihm hangen sie, und schauen unaufhörlich und

anlangt, daß der in den Schlamm zu liegen kommt, der Gereinigte aber und Geweihte, wenn er dort angelangt ist, bei den Göttern wohnt.[41]

LA DÉESSE MYRIONIME, ISIS,
Ou La Nature Personifiée

Übers. des franz. Bildtextes:

Die vielnamige Göttin, Isis,
Oder die Natur personifiziert.

(Bildquelle: *La franche-maçonnerie rendue à sa véritable origine*, Alexandre Lenoir.)

---

begehren die unaussprechliche, den Sterblichen unsichtbare Schönheit."
(Plutarch: *Isis und Osiris*, Kap. 79, S. 139 f.)
[41] Platon: *Phaidon*, S. 746.

3. Die Nachahmung des Sonnengottes als ein zentrales Motiv der Mysterieneinweihung am Beispiel des Euphorions – und die prinzipiellen Entsprechungen zu Eleusis

Die kleine Vorgeschichte des Euphorions im *Helena*-Akt veranschaulicht prägnant ein Hauptmotiv der Mysterieneinweihung, bei welcher der Einzuweihende im Grunde die Götter nachahmt (imitatio dei), indem er ihre mythischen Geschichten nachspielt. Mit Blick auf den Euphorion auf das Wesentliche verkürzt ist Apuleius' *Metamorphosen* über die Einweihung in die Isis-Mysterien zu entnehmen, dass der Einzuweihende „bis zur Grenzscheide zwischen Leben und Tod"[42] ging, „Proserpinens Schwelle"[43] betrat, „zurück"-kam und schließlich „als Bild der Sonne ausgeschmückt" dastand. Dahinter lässt sich das symbolische Nachspielen des Sonnenlaufs erkennen, wie er in den Mythengeschichten der Ägypter für die Sonne und ihre Personifikation den Sonnengott Eingang gefunden hat.[44] Diese Mythenge-schichten mögen ihre Ursprünge in den frühesten Zeiten der Menschheit haben und erinnern an die einfache Beobachtung des Sonnenlaufs mit bloßem Auge: Demnach musste es den Anschein haben, dass die Sonne am Tage über den Himmel zieht, abends in der Erde versinkt und am

---

[42] Apuleius: *Metamorphosen*, Bd. 2, S. 226 f.

[43] Hierzu sind noch Goethes ursprüngliche Pläne für die *Classische Walpurgisnacht* interessant, wonach ein Gang von Faust zur Proserpina geplant war, um die Helena loszubitten – Goethe: „Und dann bedenken Sie nur, was alles in jener tollen Nacht zur Sprache kommt! Faust's Rede an die Proserpina, um diese zu bewegen, daß sie die Helena herausgiebt; was muß das nicht für eine Rede sein, da die Proserpina selbst zu Thränen davon gerührt wird! Dieses alles ist nicht leicht zu machen und hängt sehr viel vom Glück ab, ja fast ganz von der Stimmung und Kraft des Augenblicks." (Eckermann: *Gespräche mit Goethe*, Bd. 1, S. 201.)

[44] „A[ker] ist der Name eines alten Gottes, der in sich die Erde verkörpert. [...] Weiter finden wir ihn in Darstellungen des Laufes der Sonne. Ihre Nachtfahrt führt ja durch den Leib des Gottes; ihr Aufgang ist drum ein ‚Herauskommen aus A[ker]'." (Bonnet: *Lexikon der ägyptischen Religionsgeschichte*, S. 11 f.)

Morgen wieder aus der Erde hervorkommt, um die zyklische Reise über den Himmel sowie durch das Erdreich erneut anzutreten.

Es lassen sich daraus allerdings noch ganz allgemeine Prinzipien für das Leben ableiten, was sich sehr gut durch die vergleichbare Sinnbildlichkeit der Mysterien von Eleusis veranschaulichen lässt:

Sie wurden den chthonischen Göttern: Ceres, Proserpina und Bachus gefeiert, dem im Herbste ersterbenden, in die dunklen Tiefen der Erde hinabsteigenden, im Frühling wieder erstehenden, auf der Erde erscheinenden Naturleben, von den Priestern dramatisch dargestellt in der Mythe von Ceres, Proserpina und Bachus. Sie sind aber zugleich die Götter der Zeugung, der Geburt und des Todes, der Ober- und Unterwelt. Der in die Mysterien Eingeweihte fand in diesen deßhalb auch die Lösung des Räthsels des menschlichen Lebens, welches wie das vegetabilische Leben überhaupt im Dunkel anfängt und endet, in der Unterwelt aber wieder neu beginnt, glücklich oder unglücklich, je nachdem das Leben auf der Oberwelt Verdienst oder Schuld auf sich geladen.[45]

Betrachtet man nun die kleine Vorgeschichte des Euphorions, dann lässt sich darin der Gang in die Unterwelt, der den Einzuweihenden zu einem neuen glücklicheren Leben und zu den Geheimnissen des Lebens führen soll, wiedererkennen:

Nackt ein Genius ohne Flügel, faunenartig ohne Thierheit
Springt er auf den festen Boden, doch der Boden gegenwirkend
Schnellt ihn zu der luftigen Höhe, und im zweyten dritten Sprunge
Rührt er an das Hochgewölb.
Aengstlich ruft die Mutter: springe wiederholt und nach Belieben,
Aber hüte dich zu fliegen, freier Flug ist dir versagt.
Und so mahnt der treue Vater: in der Erde liegt die Schnellkraft,

---

[45] *Herders Conversations-Lexikon*, Artikel „Eleusis", S. 539.

Die dich aufwärts treibt, berühre mit der Zehe nur den Boden
Wie der Erdensohn Antäus bist du alsobald gestärkt.
Und so hüpft er auf die Masse dieses Felsens, von der Kante
Zu dem andern und umher so wie ein Ball geschlagen springt.
Doch auf einmal in der Spalte rauher Schlucht ist er verschwunden,
Und nun scheint er uns verloren. Mutter jammert, Vater tröstet,
Achselzuckend steh' ich ängstlich. Doch nun wieder welch Erscheinen!
Liegen Schätze dort verborgen? Blumenstreifige Gewande
Hat er würdig angethan.
Quasten schwanken von den Armen, Binden flattern um den Busen,
In der Hand die goldne Leyer, völlig wie ein kleiner Phöbus,
Tritt er wohlgemuth zur Kante, zu dem Ueberhang; wir staunen.
Und die Eltern vor Entzücken werfen wechselnd sich an's Herz.
Denn wie leuchtet's ihm zu Haupten? Was erglänzt ist schwer zu sagen,
Ist es Goldschmuck, ist es Flamme übermächtiger Geisteskraft.[46]

Zuvor noch „[n]ackt ein Genius ohne Flügel, faunenartig ohne Thierheit" ist der Euphorion durch die Nachahmung des Sonnengottes auf seiner Reise durch das Erdreich selbst wie ein kleiner Sonnengott geworden, eben „wie ein kleiner Phöbus". Die Einweihungserfahrung hat den Euphorion gewandelt (metamorphosiert) zu einem Gott und Erleuchteten (illuminat) mit „übermächtiger Geisteskraft" – so jedenfalls die Symbolik.

Neben dem Bild des Sonnengottes lässt sich darin allerdings noch eine Entsprechung zu den eleusinischen Gottheiten Demeter und Persephone erkennen. Das Bild von der Mutter Demeter, die ihr Kind Persephone zyklisch an das Reich des Todes verliert, findet hier bei Goethe eine Entsprechung in der Mutter Helena und dem Verschwinden ihres Kindes Euphorion im Reich der Unterwelt und seiner anschließenden Wiederkehr.

Ferner zeigt das Beispiel Euphorion, dass Goethe seine Perspektive aus den Mysterien auf die Probleme seiner Zeit anwendet und daraus erwachsene Lösungsansätze gemeinverständlich zugänglich macht, denn das in den Mysterien typische Zusammenspiel der Gegensätze – man mag an die Weisheit „nichts im Übermaß" des apollonisch-

---

[46] *Faust II*, V. 9603-9624.

dionysischen Heiligtums von Delphi denken – lässt sich im Euphorion als Syntheseprodukt von Klassik und Romantik auch ohne Eingeweihtenwissen nachvollziehen.

Faust (dt. Mittelalter) und Helena (griech. Antike) stellen u. a. ein Symbolbild für die Aussöhnung von Romantik und Klassik dar; ihr Sohn Euphorion als Syntheseprodukt bildet eine höhere Einheit.

(Radierung von Wilhelm von Kaulbach.)

4. Die Mysterieneinweihung als Theaterkonzept im *Vorspiel auf dem Theater*

Vor dem Hintergrund der Mysterien lässt sich auch das Theaterkonzept im *Vorspiel auf dem Theater* verstehen:

> *Ihr wißt, auf unsern deutschen Bühnen*
> *Probirt ein jeder was er mag;*
> *Drum schonet mir an diesem Tag*
> *Prospecte nicht und nicht Maschinen.*
> *Gebraucht das groß' und kleine Himmelslicht,*
> *Die Sterne dürfet ihr verschwenden;*
> *An Wasser, Feuer, Felsenwänden,*
> *An Thier und Vögeln fehlt es nicht.*
> *So schreitet in dem engen Breterhaus*
> *Den ganzen Kreis der Schöpfung aus,*
> *Und wandelt, mit bedächtger Schnelle,*
> *Vom Himmel, durch die Welt, zur Hölle.*[47]

Das Schauspiel, welches hier gezeigt werden soll, gleicht in seiner Art und seinem Ablauf, nämlich den „Kreis der Schöpfung"[48] zu durchwandeln „[v]om Himmel, durch die Welt, zur Hölle", dem zentralen Urmotiv aus den Schauspielen zur Mysterieneinweihung: Es ist das Urbild von der mythischen Reise der Sonne beziehungsweise des Sonnengottes über den Himmel und durch die Unterwelt. Das Bild dieser alten Mythengeschichte wird obendrein durch die unmittelbar darauffolgenden Verse des *Prologs im Himmel* hervorgerufen:

---

[47] *Faust I*, V. 231-242.
[48] Bei Apuleius ist der Einzuweihende „durch alle Elemente gefahren" (Bd. 2, S. 226), worin die Elemente die Natur bzw. „[d]en ganzen Kreis der Schöpfung" darstellen.

Die Sonne tönt, nach alter Weise,
In Brudersphären Wettgesang,
Und ihre vorgeschriebne Reise
Vollendet sie mit Donnergang.[49]

Ihre Reise vollendet die Sonne dem Mythos nach in der Unterwelt, wo sie den Tod überwindet und anschließend neugeboren am Morgen aus der Erde hervorkommt, um ihre zyklische Reise erneut zu beginnen. Daran angelehnt war die priesterliche Einweihungsprüfung, die der Einzuweihende absolvierte, indem er die Schrecken der Unterwelt nachempfand.

Hierzu bietet die Einweihungsprüfung von Mozarts *Zauberflöte* einen populären Vergleichspunkt, wie ferner schon bei Goethe das obige Konzept der Bühne mit „Wasser, Feuer, Felsenwänden" stark an den Prüfungstempel der *Zauberflöte* erinnert. Die Pforten von Mozarts Prüfungstempel erscheinen als ein Weg in die Erde zu „des Todes Schrecken"[50], der dann allerdings bei Überwindung der Schrecken „aus der Erde Himmel an" führt. Auf dem Weg durch Mozarts Prüfungstempel hört man „manchmal den Ton eines dumpfen Donners"[51]. Desgleichen hört man über den Prüfungsweg im Tempel von Eleusis: „Der Donner rollt von allen Seiten her."[52] Besonders eindrucksvoll ist der Donner am Ende der *Zauberflöte*, der die Rückkehr der Geprüften – Pamina und Tamino – in den Tempel mit dem Erscheinen der realen Sonne verbindet und deren Überwindung der Nacht feierlich einläutet:

---

[49] *Faust I*, V. 243-246.

[50] Mozart/Schikaneder: *Die Zauberflöte*, 2,28, S. 52.

[51] Mozart/Schikaneder: *Die Zauberflöte*, 2,28, S. 54.

[52] Anonymus [a. 1785]: *Die Mysterien der Ceres von Eleusis*, S. 35. Siehe auch: Kotzebue, *Die Griechen*: S. 170. Und in Anton Kreils Aufsatz *Ueber die eleusinischen Mysterien* für das Freimaurerjournal der Loge „Zur Wahren Eintracht" heißt es dazu: „Man begann mit den Scenen des Schreckens. Es donnerte, und in der Finsterniß durchkreuzten sich Blitze und Lichtstralen." (S. 20)

Man hört den stärksten Accord, Donner, Blitz, Sturm.
Sogleich verwandelt sich das ganze Theater in eine
Sonne. Sarastro steht erhöht; Tamino, Pamina, beyde in
priesterlicher Kleidung.[53]

In ähnlicherweise läuteten die Athener das Erscheinen der
Gottheit mit einem Gongschlag ein, beispielsweise wenn die
Persephone im Mysterienschauspiel aus der Unterwelt
entstiegen war.[54]

Die Eingeweihten verstanden die Natur, die Schöpfung, als
Offenbarung und die Sonne war darin das Hauptprinzip –
Goethe selbst sprach von der Sonne als

eine Offenbarung des Höchsten, und zwar die mäch-
tigste, die uns Erdenkindern wahrzunehmen vergönnt
ist.[55]

Eben an der Natur und der darin wirkungsmächtigsten
Offenbarung, der Sonne, ist Goethes Theaterkonzept für die
Faust-Dichtung in wesentlichen Teilen ausgerichtet und
zwar insbesondere „nach alter Weise", was im doppelten
Wortsinne auf die alten Mysterien mit ihren Gesängen und
Schauspielen hinweist.

---

[53] Mozart/Schikaneder: *Die Zauberflöte*, 2,30, S. 59.
[54] Anton, Hugo Saintine: *Die Mysterien von Eleusis*, S. 20 und S. 51.
[55] Eckermann: *Gespräche mit Goethe*, Bd. 3, S. 255.

5. Das Mysterienthema und die verborgene Mysterieneinweihung in den Szenen *Nacht* und *Vor dem Thor*

5.1 Der Lauf der Gestirne durch die Erde als Sinnbild der offenbarenden Natur

Die Szene *Nacht* ist die erste Szene von Doktor Faust, die den Titelhelden und sein Thema vorstellt. Das obige Theaterkonzept wird besonders deutlich in Fausts Gedankengängen, als er sich zunächst den „heil'gen Zeichen"[56] in seinem Buch nähert („Erkennest dann der Sterne Lauf, / Und wenn Natur dich unterweist, / Dann geht die Seelenkraft dir auf,"[57]) und dann darin das Zeichen des Makrokosmos betrachtet:

> *Wie alles sich zum Ganzen webt,*
> *Eins in dem andern wirkt und lebt!*
> *Wie Himmelskräfte auf und nieder steigen*
> *Und sich die goldnen Eimer reichen!*
> *Mit segenduftenden Schwingen*
> *Vom Himmel durch die Erde dringen,*
> *Harmonisch all' das All durchklingen!*
>
> *Welch Schauspiel! aber ach! ein Schauspiel nur!*
> *Wo faß' ich dich, unendliche Natur?*[58]

Die Natur ist hier in unterweisender und offenbarender Rolle in besonderer Weise mit dem Lauf der Sonne beziehungsweise der Gestirne verbunden. Des Weiteren

---

[56] *Faust I*, V. 427. Siehe dazu auch Proklos: „Die Weihen bewirken eine erlebnishafte Resonanz (*sympatheia*) der Seele mit dem Ritual, in einer Weise, die uns undurchsichtig, die göttlich ist, so daß einige der Einzuweihenden in Panik geraten, von göttlichem Entsetzen erfüllt werden, andere aber sich den heiligen Zeichen hingeben, aus ihrer eigenen Identität heraustreten und bei den Göttern sich zuhause fühlen, im Zustande des *enthusiasmos*." (*In Platonis Rem publicam commentarii*. Zitiert nach: Burkert, *Antike Mysterien*, S. 96.)
[57] *Faust I*, V. 422- 424.
[58] *Faust I*, V. 447-455.

sieht Faust durch das Zeichen des Makrokosmos den sinnbildlichen Lauf der „Himmelskräfte", die demnach „[v]om Himmel durch die Erde dringen", wie schon die alten Ägypter in der Mondsichel das Schiff der Sonne erblickten und sich in Mythen vorstellten, dass die Sonne mit ihrem Schiff tagsüber den Himmel bereiste und des Nachts von der Mondsichel durch das Erdreich getragen wurde; in einigen Mythen werden noch die Sterne als Schiffsmannschaft genannt. An diesen sehr sinnbildlichen Mythengeschichten orientierten sich dann die schauspielartigen Einweihungsmysterien. Am Ende drückt sich in Fausts Enttäuschung über das Makrokosmoszeichen aus, dass die Zeichen und Schauspiele der Mysterien bei aller Inspirationskraft nur die Natur nachahmende Sinnbilder bleiben, worin die unfaßbaren Offenbarungen – das „Unzulängliche"[59] – der Natur mit den unzureichenden menschlichen Mitteln lediglich annäherungsweise zu faßen versucht werden kann.

---

[59] *Faust II*, V. 12106.

5.2 Fausts Nachahmung des Sonnengottes auf dem „Feuerwagen"

In der Szene *Nacht* vermittelt Faust dann in seinen geistigen Bildern eine Fahrt in die Unterwelt, die ihn anschließend in „des Volkes wahre[n] Himmel"[60] der Szene *Vor dem Thor* führen wird. Vor dieser Höllen- und Himmelfahrt steht ein Bild, in dem sich Faust auf dem „Feuerwagen"[61] denkt und fühlt. Im Feuerwagen lässt sich das Gefährt des Sonnengottes wiedererkennen, wie man dieses insbesondere von Helios sowie der Unglücksfahrt seines Sohnes Phaeton[62] kennt. Und in diesem Gefühl auf dem Feuerwagen des Sonnengottes zu stehen, begibt sich Faust im Geiste zu „jener dunkeln Höhle", um „[n]ach jenem Durchgang hinzustreben, / [u]m dessen engen Mund die ganze Hölle flammt":

> *Ein Feuerwagen schwebt, auf leichten Schwingen,*
> *An mich heran! Ich fühle mich bereit*
> *Auf neuer Bahn den Aether zu durchdringen,*
> *Zu neuen Sphären reiner Thätigkeit.*
> *Dieß hohe Leben, diese Götterwonne!*
> *Du, erst noch Wurm, und die verdienest du?*
> *Ja, kehre nur der holden Erdensonne*
> *Entschlossen deinen Rücken zu!*
> *Vermesse dich die Pforten aufzureißen,*

---

[60] *Faust I*, V. 938.

[61] *Faust I*, V. 702.

[62] Auffällig sind die Entsprechungen zur Unglücksfahrt des Homunculus am Ende des 2. Aktes in *Faust II*. Laut Ovid stand auf dem Grabstein des Phaeton: „Hier ruht Phaethon, der Lenker des väterlichen Wagens; zwar konnte er ihn nicht halten, doch starb er als einer, der Großes gewagt." (Ovid: *Metamorphosen*, 2,327 f.) Phaeton und Ikarus sowie Homunculus und Euphorion scheint sinnbildlich dieses große Wagnis und Streben mit Blick auf die Sonne zu verbinden, dieses „Stirb und Werde": „Und zuletzt, des Lichts begierig, / Bist du Schmetterling verbrannt. // Und so lang du das nicht hast, / Dieses: Stirb und werde! / Bist du nur ein trüber Gast / Auf der dunklen Erde." (Goethe: *Selige Sehnsucht*)

[63] *Faust I*, V. 702-719.

Vor denen jeder gern vorüber schleicht.
Hier ist es Zeit durch Thaten zu beweisen,
Daß Mannes-Würde nicht der Götterhöhe weicht,
Vor jener dunkeln Höhle nicht zu beben,
In der sich Phantasie zu eigner Quaal verdammt,
Nach jenem Durchgang hinzustreben,
Um dessen engen Mund die ganze Hölle flammt;
Zu diesem Schritt sich heiter zu entschließen
Und, wär' es mit Gefahr, ins Nichts dahin zu fließen.[63]

Diese Todeserfahrung wurde ausgelöst durch die Phiole mit den „tödlich feinen Kräfte[n]"[64], wodurch Faust im Geiste das Urmotiv der Mysterieneinweihung durchlebt: Eine Fahrt in die Unterwelt im Bilde des Sonnengottes, der in seiner Höllenfahrt seinen Tod, die Überwindung des Todes und seine Wiedergeburt darstellt. Bei Apuleius berichten die Isis-Priester, dass in den Mysterien die „Hingebung in einen freiwillig gewählten Tod und Wiedererlangung des Lebens durch die Gnade der Göttin gefeiert und vorgestellt"[65] werde. Durch die Phiole mit den „tödlich feinen Kräfte[n]" hatte sich Faust freiwillig dem Tode genähert, sodass er, als die österlichen Klänge von Glocken und Chören in seine Todeserfahrung hereinbrechen, zumindest im Geiste meint:

Und doch, an diesen Klang von Jugend auf gewöhnt,
Ruft er auch jetzt zurück mich in das Leben
[...]
O! tönet fort, ihr süßen Himmelslieder!
Die Thräne quillt, die Erde hat mich wieder![66]

Fausts Gefühl, „zurück" und „wieder" im Leben zu sein, fällt in ein Bild mit der Auferstehung von Jesus Christus, denn diese wird von den österlichen Chören feierlich verkündet:

---

[64] *Faust I*, V. 694.
[65] Apuleius: *Metamorphosen*, Bd. 2, S. 221.
[66] *Faust I*, V. 769 f. u. 783 f.

Christ ist erstanden!
[...]
Prüfung bestanden.[67]

Ähnlich wie in der Szene *Bergschluchten* verbirgt sich „der höhere Sinn" unter einer christlichen Erscheinung. Fausts geistig und bildlich vollzogene Einweihungsprüfung, seine Überwindung der Todesschrecken in der Unterwelt, fällt zusammen in den Beginn der Osterfeierlichkeiten und damit in ein Bild mit der Auferstehung von Jesus Christus. Dem Reim des Engelschores entsprechend „Christ ist erstanden! [...] Prüfung bestanden." erscheint Fausts Nachahmung des Sonnengottes zugleich als eine Nachahmung des Gottes Jesus Christus – eine imitatio Christi. Wobei Jesus' Abstieg in die Unterwelt, seine Auferstehung und die Himmelfahrt wiederum eine Adaption von der Fahrt des Sonnengottes zu sein scheint. Dem kann man sich im Geiste Plutarchs nähern, der über die für Götter gehaltenen Wesen meint, „wir unterscheiden nicht andre bei andern Völkern, nicht Fremde und Hellenen, nicht südliche und nördliche: sondern so wie Sonne, Mond, Himmel, Erde und Meer allen gemeinschaftlich sind, und nur bei andern anders genannt werden"[68], verhalte es sich eben mit den Göttern, die an den Naturerzeugnissen nachgebildet sind. Oder Thomas Paines scharfe Worte in *On The Origin Of Free Masonry* können zur Annäherung dienen:

The Christian religion and Masonry have one and the same common origin: both are derived from the worship of the sun[69]. *The difference between their*

---

[67] *Faust I*, V. 757 u. 761.

[68] Plutarch: *Isis und Osiris*, Kap. 67, S. 117.

[69] Siehe dazu auch Paine über die ägyptischen Ursprünge der Freimaurerei: „In their system, their principal hero-gods, Osiris and Isis, theologically represented the Supreme Being and universal nature; and physically the two great celestial luminaries, the sun and the moon, by whose influence all nature was actuated." (S. 12)

origin is, that the Christian religion is a parody on the worship of the sun, in which they put a man whom they call Christ, in the place of the sun, and pay him the same adoration which was originally paid to the sun, as I have shown in the chapter on the origin of the Christian religion.[70]

Paine verdeutlicht zumindest sehr eindrücklich, dass man sich damals in gewissen Kreisen der Deutung von Jesus als adaptierten Sonnengott sehr bewusst war. Plutarch gibt natürlich vielmehr den Geist der Mysterien wieder, welcher ja darüber hinaus auf der Ergänzung von Gegensätzen beruht: Geistige Erleuchtung und Wiedergeburt als höheres Wesen werden erreicht durch das finstere Erd- und Totenreich. Demnach entspricht es diesem Mysteriengeist, die zwei Gegensätze von Christentum und Heidentum in ihrer Gegensätzlichkeit sowie in ihrer Einheit produktiv und synthetisch zu behandeln.

Hierzu eine Stelle, wo Faust in der Szene *Nacht* selbst auf einen Grund für eine Kodierung, eine den „höhere[n] Sinn" verdeckende „Erscheinung", aufmerksam macht:

Ja was man so erkennen heißt!
Wer darf das Kind beym rechten Namen nennen?
Die wenigen, die was davon erkannt,
Die thöricht g'nug ihr volles Herz nicht wahrten,
Dem Pöbel ihr Gefühl, ihr Schauen offenbarten,
Hat man von je gekreutzigt und verbrannt.[71]

Hier deuten sich der gekreuzigte Jesus und die Hexen der Hexenverbrennungen an, die jeweils im weiteren Verlauf dann auch noch auftauchen werden. Sowohl Jesus als auch die Hexen erscheinen zusammengehörig als ein Teil der „wenigen", die et-„was" von der großen Wahrheit erkannt haben. Verkürzt lässt sich ein Verständniszugang darüber

---

[70] Paine: *On The Origin of Free Masonry*, S. 5.
[71] *Faust I*, V. 588-593.

herstellen, dass sich Hexen als Vertreter urtümlicher Glaubensarten sowie germanischer Mythologie im Sinne des *Walpurgisnachtstraumes*[72] verstehen lassen und Jesus von Goethe als Mensch gedeutet wurde, der „den Einen Gott"[73] dachte. Dennoch dienen Jesus und Hexen in ihren geläufigen, stereotypischen Erscheinungsformen als „Erscheinung", die den „höhere[n] Sinn", den Eingeweihtensinn, verdecken soll – wie später auch noch für das Hexentum in der Szene *Hexenküche* genauer gezeigt werden soll. Zunächst möchte ich jedoch die Mysterienmotive der Szene *Nacht* und *Vor dem Thor* noch weiter vertiefen.

---

[72] Dort sind Oberon und Titania aus der Welt der Sagen sowie der germanischen Mythologie ein Teil der Hexensphäre. Mit Blick auf die urtümlicheren Glaubensarten sei ferner bereits der kleine Hinweis gegeben, dass die Baubo von Eleusis in der *Walpurgisnach*t erscheint (V. 3962), um das Hexenfest zu feiern.

[73] Hier beispielhaft Goethes erst posthum veröffentlichte Zeilen aus dem *West-östlichen Divan*: „Jesus fühlte rein und dachte / Nur den Einen Gott im Stillen; / Wer ihn selbst zum Gotte machte / kränkte seinen heil'gen Willen." (S. 117)

5.3 Die Szenen *Nacht* und *Vor dem Thor* als verborgene Mysterieneinweihung, wie sie bspw. in dem von Stobaios überlieferten Fragment *Über die Unsterblichkeit der Seele* geschildert wird

Das von Stobaios überlieferte Fragment *Über die Unsterblichkeit der Seele* wird in der Regel auf die Mysterien von Eleusis bezogen und Plutarch zugeschrieben, der Priester des apollonisch-dionysischen Heiligtums von Delphi war. Auch in der Wiener Forscherloge „Zur Wahren Eintracht" wird es von Anton Kreil wertschätzend mit Blick auf die Mysterien von Eleusis rezipiert.[74] Es ist ein zentraler Text für das griechische Mysterienverständnis sowie insbesondere dessen Rezeption in der Goethezeit, welcher den verborgenen Sinn der Szenen *Nacht* und *Vor dem Thor* anschaulich hervorbringen kann.

Schon mit dem Szenentitel *Nacht* und Fausts ersten Worten des berühmten Anfangsmonologes, in dem er über sein mühevolles Umherirren durch die verschiedenen Wissenschaftsdisziplinen klagt („Habe nun, ach! Philosophie, / Juristerey und Medicin, / Und leider auch Theologie! / Durchaus studirt, mit heißem Bemühn. / Da steh' ich nun, ich armer Thor! / Und bin so klug als wie zuvor;"[75]), wird im Verborgenen sinnbildlich die Mysterieneinweihung wiedergegeben, wie sie Plutarch in *Über die Unsterblichkeit der Seele* schildert. Es zeigt den Anfang des Einweihungsweges, über den es in einer Übersetzung des plutarchischen Fragments aus der Goethezeit heißt:

> *Anfangs wandelte er [der Initiand] durch Irrthümer und Ungewißheiten auf einer mühseligen Laufbahne in dichten Finsternissen der Nacht, und nun kam er zu den*

---

[74] Kreil, Anton: *Ueber die eleusinischen Mysterien*, S. 20.
[75] *Faust I*, V. 354-359.

Gränzen des Todes, zu den Gränzen der Iniziazion.[76]

Mit „den Gränzen des Todes" eröffnet sich die nächste Stufe der Einweihungserfahrung, die Faust dann durch die „tödlich feinen Kräfte"[77] der Giftphiole erlebt. Zur Anschaulichkeit möchte die Passage über die Einweihungserfahrung ausgiebiger in der trefflichen Übersetzung von Assmann wiedergeben:

Hier [im diesseitigen Leben] ist die Seele ohne Erkenntnis außer wenn sie dem Tode nah ist. Dann aber macht sie eine Erfahrung, wie sie jene durchmachen, die sich der Einweihung in die Großen Mysterien unterziehen. Daher sind auch das Wort „sterben" ebenso wie der Vorgang, den es ausdrückt (τελευταν), und das Wort „eingeweiht werden" (τελεισθαι) ebenso wie die damit bezeichnete Handlung einander gleich. Die erste Stufe ist nur mühevolles Umherirren, Verwirrung, angstvolles Laufen durch die Finsternis ohne Ziel. Dann, vor dem Ende, ist man von jeder Art von Schrecken erfaßt, und alles ist Schaudern, Zittern, Schweiß und Angst. Zuletzt aber grüßt ein wunderbares göttliches Licht und man wird in reine Gefilde und blühende Wiesen aufgenommen, wo Stimmen erklingen und man Tänze erblickt, wo man feierlichheilige Gesänge hört und göttliche Erscheinungen schaut. Unter solchen Klängen und Erscheinungen wird man dann, endlich vollkommen und vollständig eingeweiht, frei und wandelt ohne Fesseln mit Blumen bekränzt, um die heiligen Riten zu feiern im Kreise heiliger und

---

[76] Anonymus [a. 1785]: *Die Mysterien der Ceres von Eleusis*, S. 37. Siehe dazu auch die Übers. von Assmann: „Die erste Stufe ist nur mühevolles Umherirren, Verwirrung, angstvolles Laufen durch die Finsternis ohne Ziel." (*Die Zauberflöte. Oper und Mysterium*, S. 221) Und bedenke weitere Stellen der Szene *Nacht*, bspw.: „Was grinsest du mir hohler Schädel her? / Als daß dein Hirn, wie meines, einst verwirret, / Den leichten Tag gesucht und in der Dämmrung schwer, / Mit Lust nach Wahrheit, jämmerlich geirret." (V. 664-667)
[77] *Faust I*, V. 694.

reiner Menschen.[78]

Diese Schilderung über die Mysterien lässt sich im Verborgenen unter dem eigentlichen Handlungsgeschehen der Szenen *Nacht* und *Vor dem Thor* in Sinnbildern dargestellt wiedererkennen, was sich gleich noch besonders anschaulich am Schlussbild der elysischen Gefilde aufzeigen wird. Im Übrigen schließt an diese Passage von Plutarch dann ein ganz ähnliches Bild an, wie es Sokrates in Platons *Phaidon* über die Ungeweihten im irdischen Schlamm und die Geweihten in der Jenseitswelt der Götter zeichnet:

> *Hier wandelt der Vollendete, der Eingeweihte aller Banden entledigt in voller Freiheit herum, feiert mit Kränzen geschmückt die heiligsten Mysterien, genießt des Umganges frommer und gerechter Menschen,* **und sieht mit Bedauern herab auf den ungeweihten und unreinen Haufen derer, die sich noch hier auf der Erde in Schlamm und Nebel ängstlich herumtreiben, und teils aus Furcht vor dem Tode, teils aus Mißtrauen gegen die Glückseligkeit der andern Welt in ihrem elenden Zustande beharren.**[79]

Auf der zweiten Stufe von Fausts versinnbildlichter Einweihungshandlung, bei seiner Todeserfahrung mit der Giftphiole, deutet sich das von Plutarch beschriebene „Schaudern" in den Worten „Vor jener dunkeln Höhle nicht zu beben"[80] an. Tatsächlich werden bei einem Abstieg in die Unterwelt an anderer Stelle der *Faust*-Dichtung Plutarchs Worte vom „Schaudern" viel offensichtlicher hervorgehoben, denn Faust findet vor seinem Abgang ins Reich der Mütter dafür sogar einen Superlativ: „Das

---

[78] Assmann: *Die Zauberflöte. Oper und Mysterium*, S. 221.
[79] Plutarch: *Ueber die Unsterblichkeit der Seele*, S. 86.
[80] *Faust I*, V. 714.

Schaudern ist der Menschheit bestes Theil"[81]. Dann könnte Faust bereits mit den in seine Todeserfahrung hereinbrechenden Osterfeierlichkeiten, die traditionell mit dem Sonnenaufgang begannen, ein „göttliches Licht" grüßen.[82] In der nächsten Szene *Vor dem Thor* erscheint dann eine „grünende Flur"[83] und das gegenständliche Stadttor erscheint dabei sinnbildlich als das Tor zur Unterwelt, vor dessen Ausgang sich eben die von Plutarch für das Ende des Einweihungsweges beschriebenen „reine[n] Gefilde" und geradezu paradiesischen bzw. elysischen Verhältnisse entfalten:

---

[81] *Faust II*, V. 6271. Im Kontext des Reiches der Mütter wird von Goethe selbst dann noch der Hinweis auf Plutarch als Quelle gegeben; sehr geheimniskrämerisch gegenüber Eckermann am 10. Jan. 1830 (*Gespräche mit Goethe*, Bd. 2, S. 116).

[82] Dieses Mysterienbild mit dem wohlgeordneten Engelschor wirkt wie der „Feuerwagen" apollonisch (Szene *Nacht*), während das spätere Bild der fliegenden Röcke und „Juchhe!" Rufe dionysisch wirkt (Szene *Vor dem Thor*). Siehe dazu: Plutarch, *Ueber die Inschrift Ei im Tempel zu Delphi*, S. 498 f.: „Daher singt man dem Bakchus dithyrambische Gesänge voller Gemütsbewegung und Veränderung, voller Irrgänge und Umschweife – ‚denn', wie Aeschylus sagt, ‚der lautschallende Dithyrambe muß dem allgemeinschaftlichen Dionysos folgen' – dem Apollo hingegen singt man den Päan, eine züchtige und wohlgeordnete Muse. [...] und überhaupt schreibt man dem Apollo Gleichheit, Ordnung, und unvermischten Ernst, dem Bakchus hingegen allerley Scherz, Muthwillen, Raserey und Ungleichheit zu, und ruft ihn als den die Weiber empörenden Euius, oder den durch rasende Ehrenbezeugungen verherrlichten Dionysus." Apollon und Dionysos erscheinen bei Plutarch als polytheistische Sinnbilder für zwei Prinzipien von einer monotheistisch gedachten Gottheit (siehe dazu S. 497).

[83] *Faust I*, V. 910. Ähnlich dazu schreibt der Verfasser von *Die Mysterien der Ceres von Eleusis* über das Ende der Einweihung im Tempel von Eleusis nach Donner und allerlei weiterer Schrecken: „Die Szene ändert sich; die hintere Wand des Heiligtums öffnet sich: man erblickt eine angenehme grünende Wiese." (S. 35)

Aus dem hohlen finstren Thor
Dringt ein buntes Gewimmel hervor.
Jeder sonnt sich heute so gern.
Sie feyern die Auferstehung des Herrn,
Denn sie sind selber auferstanden,
[...]
Aus der Kirchen ehrwürdiger Nacht
Sind sie alle ans Licht gebracht.
[...]
Selbst von des Berges fernen Pfaden
Blinken uns farbige Kleider an.
Ich höre schon des Dorfs Getümmel,
Hier ist des Volkes wahrer Himmel,
Zufrieden jauchzet groß und klein:
Hier bin ich Mensch, hier darf ich's seyn.[84]

Anschließend trifft Faust dann auf die tanzende und singende bäuerliche Gesellschaft, die sich wohl ihrem Gesang entsprechend mit Blumen geschmückt („Mit bunter Jacke, Band und Kranz"[85]) um ihn herum im „Kreis"[86] versammelt. Da in diesem Bild das Volk „selber auferstanden" und aus der Unterwelt „ans Licht gebracht" ist, bilden sie als Eingeweihte und Erleuchtete gemäß Plutarchs Worten eine Gemeinschaft „heiliger und reiner Menschen". Vor diesem Hintergrund scheint Faust bildlich am Ende des Einweihungsweges angekommen zu sein. Plutarchs Schilderungen über „reine Gefilde", „Tänze", „Gesänge" und das „[F]eiern im Kreise heiliger und reiner Menschen" haben sich hier für Faust erfüllt.

Doch das Mysterienthema lässt sich noch erheblich vertiefen, wenn man weiter in die Mythen und Mysterienfeiern der eleusinischen Gottheiten einsteigt. So erinnern die Ausrufe des Bauernvolks „Juchhe! Juchhe!"[87]

---

[84] *Faust I*, V. 918-940.
[85] *Faust I*, V. 950.
[86] *Faust I*, V. 992 f.
[87] *Faust I*, V. 954 ff.

an die „Jakche! Jakche!"[88] Rufe der Feiernden bei den Eleusinien,[89] womit sie den Gott Jakchos/Bakchos/Dionysos ehrten. Des Weiteren deuten sich im Bauernvolk und ihrem Gesang von einem „Schäfer"[90] sowie den fliegenden Röcken[91] folgende symbolische Inhalte der Eleusinien an, welche die Ankunft der Ceres in Eleusis betreffen:

Zu Eleusis wohnten damals einige Eingebornen, deren Namen waren Baubo (eine Frauensperson), Dysaules, Triptolemus ein Kuhhirt, Eumolpus ein Schäfer, von welchem die Eumolpiden und Keryken herkommen, welche die Hauptpersonen in den Eleusinien sind, und Eubuleus ein Schweinehirt. Baubo nahm die Ceres mit vieler Gastfreiheit auf, und bot ihr ein gewisses Getränk; Kykeon genannt, an. Aber Ceres war zu betrübt, und wollte es nicht nehmen. Baubo verdroß dieses, sie hielt es für eine Verachtung, und hob den Rock auf, und wies der Ceres alles, was sie hatte; worüber diese zu lachen anfing, und endlich den Trank nahm.[92]

Ebenfalls wird Faust am Ende des Gesanges von dem alten Bauern ein Getränk gereicht. Darüber hinaus entspricht dieses Bild dem Schlussbild der Schachtelgeschichte *Amor und Psyche* in Apuleius' *Metamorphosen*. Am Ende von Psyches langem Leidens- und Prüfungsweg, der sie unter anderem in Proserpinens Palast geführt hatte, wird sie zur Belohnung in den Himmel zu den Göttern gebracht, wo ihr

---

[88] *Pierer's Universal-Lexikon*, Artikel „Eleusinien", S. 635.
[89] Siehe bspw. auch: „Evoe, *juchhe, oder* Evohe, *ein Geschrey der Bacchantinnen* [= begeisterte Frauen im Gefolge des Bacchus/Dionysos bzw. Teilnehmerinnen des Bacchusfestes]." (*Neues und möglichst vollständiges Lateinisch-deutsches und Deutsch-lateinisches Taschenwörterbuch* von Adolf Holzmann, S. 194)
[90] *Faust I*, V. 949.
[91] *Faust I*, V. 967: „Und alle Röcke flogen."
[92] Anonymus [a. 1787]: *Characterstick der Alten Mysterien für Gelehrte und Ungelehrte, Freymäurer und Fremde, aus den Original-Schriftstellern*, S. 113.

in deren versammelten Kreise von Jupiter selbst ein Becher Ambrosia gereicht wird mit den Worten: „Nimm, Psyche! [...] und sei unsterblich!"[93] Die Geschichte von *Amor und Psyche* lässt sich als Allegorie auf die Mysterien verstehen und der Trunk im Kreise der versammelten Götter markiert Psyches Metamorphose vom Menschen zur Gottheit. Ferner finden sich an dieser Stelle des *Fausts* noch viele weitere Hinweise, wie das „toll[e]"[94] Tanzen oder/und dass dieses um den Baum, die „Linde"[95], stattfindet.[96] Mit diesem kleinen Aufsatz möchte ich aber nur noch einen kurzen Ausblick über die Szene *Hexenküche* geben, womit sich das Mysterienthema noch weiter bestärken sollte.

---

[93] Apuleius: *Metamorphosen*, Bd. 1, S. 253 f.
[94] *Faust I*, V. 953: „Und alles tanzte schon wie toll."
[95] *Faust I*, V. 952.
[96] Man denke bspw. an die Zusammenhänge von Sonnenverehrung, Freimaurerei, Druiden, Mittsommer und den Mittsommerbaum.

6. Kl. Ausblick von der *Hexenküche*

6.1 Überlagerung verschiedener Mysterienbilder

Über die elysischen Bilder in Mephistos Zauberspiel[97] der ersten *Studirzimmer*-Szene und dem Bild des mythischen Sonnenlaufs im Übergang der zweiten *Studirzimmer*-Szene zur Szene *Auerbachs Keller*, wo Faust sich getragen von Mephistos Mantel zunächst „hinauf"[98] zu seinem „neuen Lebenslauf" erhebt, der ihn dann in die im Keller gelegene Gaststätte führt – also ihn ins Souterrain, unter die Erde führt –, kommt Faust zu der rätselhaften Szene *Hexenküche*, in welcher erneut das Trinken eines Trankes von besonderer Bedeutung für ihn ist. Von Mephisto wird dieses Thema noch hervorgehoben, indem er über Faust befindet:

> *Genug, genug, o treffliche Sibylle!*
> *Gib deinen Trank herbey, und fülle*
> *Die Schale rasch bis an den Rand hinan;*
> *Denn meinem Freund wird dieser Trunk nicht schaden:*
> *Er ist ein Mann von vielen Graden,*
> *Der manchen guten Schluck gethan.*[99]

Der Trunk ist hier mit Einweihungsgraden verbunden, wie die rituelle Formel „ich trank den kykeon"[100] aus den Eleusinien, der bittere Kelch aus der Freimaurerei oder eben der Ambrosia aus der Mysterienallegorie *Psyche und Amor*. Das „alte Weib"[101] hatte zuvor noch vor der tödlichen Wirkung gewarnt, wenn man den Trank „unvorbereitet trinkt"[102]. Doch Faust ist vorbereitet und seine bisherigen Erfahrungen (insbesondere mit der Giftphiole, aber auch mit

---

[97] Bspw.: „Wo wir in Chören / Jauchzende hören, / Ueber den Auen / Tanzende schauen, / Die sich im Freyen / Alle zerstreuen." (V. 1491- 1496)
[98] *Faust I*, V. 2071 f.
[99] *Faust I*, V. 2577- 2582.
[100] Burkert, S. 79.
[101] *Faust I*, V. 2366.
[102] *Faust I*, V. 2526.

dem sinnbildlich aufgeladenen Trunk des alten Bauern) stehen zusammen mit dem Hexentrunk in einer Tradition der Einweihungsmysterien.[103] Das Hexenbild der katholischen Inquisition ist hierbei Teil der „Erscheinung", die den „höhere[n] Sinn" verdeckt. Unter diesem Deckmantel erscheinen Hexen zum einen als Vertreter des germanischen Volksglaubens, zu dem sich viele Verbindungen zur griechisch-römischen Mysterientradition herstellen lassen;[104] zum anderen fungiert das Hexentum als Gewand für Darstellungen bloßer griechisch-römischer Mysterienbilder – wobei noch deren Nähe zur damaligen Freimaurerei[105] zu berücksichtigen ist. Faust trinkt den Hexentrank in einem gezogenen Kreis; und der Hexenkessel

---

[103] Entsprechend dazu erscheint die Baubo von Eleusis (ein altes Weib, das der Demeter/Ceres den Kykeon-Trank reicht) in der *Walpurgisnacht* zur Hexenfeier: „Die alte Baubo kommt allein, / Sie reitet auf einem Mutterschwein." (V. 3962 f.)

[104] **Erstes Bsp.,** Paine, *On The Origin of Free Masonry*: „To come then at once to the point, Masonry (as I shall show from the customs, ceremonies, hieroglyphics, and chronology of Masonry) is derived, and is the remains of the religion of the ancient Druids; who, like the magi of Persia, and the priests of Heliopolis in Egypt, were priests of the sun. They paid worship to this great luminary, as the great visible agent of a great invisible first cause, whom they styled, Time without limits." (S. 5); „The Druids in Europe, who were the same order of men [wie die ägyptischen Priester u. Weisen], have their name from the Teutonic or ancient German language; the Germans being anciently called Teutones. The word Druid signifies a *wise man*. In Persia they were called magi, which signifies the same thing." (S. 12); „[...] and from the remains of the religion of the Druids, thus preserved, arose the institution which, to avoid the name of Druid, took that of Mason, and practiced under this new name the rites and ceremonies of Druids." (S. 14). **Zweites Bsp.,** Artikel „Isis [2]" in Vollmers *Wörterbuch der Mythologie*: „Die alten Sueven [best. Germanen] sollen nach Angabe des Tacitus diese ägyptische Gottheit verehrt haben, allein nichts ist gewisser, als dass hier der Römer nur einen, seinem Volke bekannten Namen wählte, um einen ähnlichen Begriff damit zu bezeichnen. Die Natur, in Cybele, Diana, I., personificirt, wurde auch in Deutschland als Frigga oder Jörd verehrt, und die von Tacitus gemeinte I. ist ohne Zweifel Eins mit der Göttin, die er später die Mutter Erde, nach gewöhnlicher Lesart Hertha (richtiger Nerthus) nennt." (S. 283)

[105] Neben den Ähnlichkeiten zu Apuleius' Isis-Mysterien erinnern die zwei Meerkatzen der Hexe an die zwei Aufseher des Meisters in der Freimaurerei.

sowie die Besprengung (Reinigung) mit den Flammen des Kessels erinnert beides an Rituale in Apuleius' Isis-Mysterien und den Eleusinien. Auffällig werden einige Spielzeuge des Bakchos/Dionysos ins Bild gesetzt, die im eleusinischen Einweihungsritual eingesetzt wurden: Der Ball als „Kugel"[106], mit welcher die Meerkätzchen spielen; insbesondere der Spiegel, in dem Faust „[d]as schönste Bild von einem Weibe"[107] sieht; der Würfel als sprachliche Aufforderung des Meerkaters an Mephisto „würfle nur gleich"[108]. Darüber hinaus wird eine Allegorie auf die Saturnalien eröffnet, indem zum Würfelspiel dann von Mephisto noch das „Lotto"[109] sprachlich ins Bild gesetzt wird. Die folgende Inthronisierung Mephistos ist ein Sinnbild für den König der Saturnalien (Saturnalicius princeps). Neben dem Würfelspiel war für die Saturnalien das Losspiel charakteristisch, über welches für die Festzeit ein König gewählt wurde. Dieser König war aber eher ein König der Narren, denn mit den Saturnalien sollte eine prinzipielle Aufhebung der Ständeunterschiede eintreten, mit der man an den Naturzustand der Menschen in Freiheit und Gleichheit unter der Herrschaft Saturns gedenken wollte.

---

[106] *Faust I*, V. 2401 f.
[107] *Faust I*, V. 2436.
[108] *Faust I*, V. 2394.
[109] *Faust I*, V. 2401.

6.2 Der rote Faden von Sokrates' Mysterien der Liebe (nach Platons *Symposion*)

Einen letzten Aspekt möchte ich noch hervorheben, denn es ist für die *Faust*-Dichtung ein sehr prägender: Die Liebe. Der Trank des alten Weibes soll die Jugend- und Liebeskräfte von Faust wiederbeleben, auf dass sich in ihm wieder „Cupido regt"[110] und er „Helenen in jedem Weibe"[111] sieht. Anschließend dreht sich das Geschehen um Fausts Vereinigung mit Gretchen und im zentralen Höhepunkt – Goethe sprach vom „Gipfel"[112] – des zweiten Teiles vereinigt sich Faust dann tatsächlich mit der göttlich schönen Helena der griechischen Antike. Über die Mysterien eröffnen sich nun vielzählige Deutungszugänge, doch ein auffällig roter Faden für das Liebeskonzept im Gesamtbild der *Faust*-Dichtung – welches sich aus einem Konglomerat von Themeninhalten, Bildern unterschiedlicher Mysterien und Bilder der „Erscheinung" zusammensetzt – lässt sich mittels Sokrates' Ausführungen über die Mysterien der Liebe, seiner Lobrede auf Eros in Platons *Symposion* erkennen.[113]

---

[110] *Faust I*, V. 2598.

[111] *Faust I.* V. 2604.

[112] Schon strukturell ist die Vereinigung von Faust mit Helena zentral angelegt (etwa in der Mitte des dritten Aktes der insgesamt fünf Akte). Die inhaltlichen Aspekte kommen prägnant hervor in diesem Ausschnitt aus dem Briefwechsel zwischen Goethe und Schiller über den dritten Akt in *Faust II* (auch der *Helena*-Akt oder kurz die *Helena* genannt): „Meine *Helena* ist die Zeit auch etwas vorgerückt. [...] aber das sehe ich schon, daß von diesem Gipfel aus, sich erst die rechte Aussicht über das Ganze zeigen wird." (Goethe an Schiller, 17.9.1800; *Briefwechsel*, S. 309) „Gelingt Ihnen diese Synthese des Edeln mit dem Barbarischen, wie ich nicht zweifle, so wird auch der Schlüssel zu dem übrigen Theil des Ganzen gefunden seyn, und es wird Ihnen alsdann nicht schwer seyn, gleichsam analytisch von diesem Punkt aus den Sinn und Geist der übrigen Partien zu bestimmen und zu vertheilen: denn dieser Gipfel, wie Sie ihn selbst nennen, muß von allen Punkten des Ganzen gesehen werden und nach allen hinsehen." (Schiller an Goethe, 23.9.1800; *Briefwechsel*, S. 310)

[113] Platons *Symposion* mag man gerne hinzunehmen und meine Ausführungen direkt anhand von Platons Schrift beurteilen; hierzu habe ich zwei längere *Symposion*-Ausschnitte im Anhang hinterlegt.

Mephistos hinterhältig oder teuflisch *erscheinende* Worte „Du sollst das Muster aller Frauen / Nun bald leibhaftig vor dir seh'n. / *Leise [also Mephisto dann weiter im Selbstgespräch].* / Du siehst, mit diesem Trank im Leibe, / Bald Helenen in jedem Weibe."[114] geben im Grunde eine höhere Erkenntnisstufe aus Sokrates' Liebesphilosophie wieder; betrachtet man die erste Stufe, dann mag man darin bereits Mephistos Rolle in Fausts Hinführung zu Gretchen erkennen:

Wer in dieser Art von Liebe glücklich sein will, der muß als Jüngling schon an schönen Körpern Wohlgefallen finden. Wenn ihn sein guter Genius recht richtig führt, so wird er bei einem einzigen schönen Körper den Anfang machen, der bei ihm schon allerhand schöne Gedanken entwickeln wird.[115]

Die nächste Stufe lässt dann Mephistos hinterhältig *erscheinende* Worte wiedererkennen, denn aus dem Einzelnen heraus erkennt man dann das allgemeine Prinzip der Schönheit – die Schönheit, welche an allen Körpern ein und dieselbe ist:

Bald wird er aber bemerken, daß Schönheit des einen Körpers mit der Schönheit des andern verschwistert sei, denn wenn man einmal nach Schönheit, der Idee nach, streben will, so wäre es widersinnig, die Schönheit aller einzelnen Körper nicht für wesentlich einerlei zu halten [...].[116]

---

[114] *Faust I*, V. 2601-2604.

[115] Platon/Niethammer: *Symposion*, S. 355.

[116] Platon/Niethammer: *Symposion*, S. 355. Vgl. auch die Übers. von Franz Susemihl: „[...] dann aber muß er inne werden, daß die Schönheit an jedem einzelnen Körper der an jedem anderen Körper verschwistert ist; und wenn er doch überhaupt der Schönheit der Gestalt nachgehen soll, so wäre es ja großer Unverstand, wenn er nicht (endlich) die Schönheit an allen Körpern für eine und dieselbe erkennen würde." (S. 104)

Der Endzweck, die letzte Stufe, von Mephistos Führung bzw. Sokrates' Liebesphilosophie ist das Erkennen der Urschönheit, aus welcher der Mensch dann große Taten der Tugend und Wahrheit erzeugen kann, die ihm wiederum die Liebe der Götter und ihre Unsterblichkeit verheißen. Dementsprechend wird im zweiten Teil Doktor Faust von Mephisto zu Helena geführt, welche die Urschönheit sowie das Göttliche[117]/Wahre/Tugendhafte symbolisiert. Faust vereint sich innig mit dem Symbol der Urschönheit und gebiert daraus seine Dichtkunst – dies wird symbolisiert durch seinen Sohn Euphorion, der in dieser Deutungsperspektive die Unsterblichkeit des geistigen Dichtungswerkes ausdrückt in seiner Erscheinung des Phöbus/Apollon, des Gottes der Dichtkunst.

Doch nicht nur Dichter gebären geistige, unsterbliche Kinder, sondern der „alleredelste und schönste Zweig dieser Philosophie ist aber ohne Zweifel die Kunst Staaten und Familien zu regieren"[118], was man dann in Fausts letzten Taten und Worten wiederentdecken kann, wo er als Herrscher unter anderem „Räume vielen Millionen"[119] eröffnet hat und auch deswegen befindet:

---

[117] Fausts Vereinigung mit Helena entspricht auf einer Ebene der Vereinigung von Demeter/Ceres und Jasion/Iasion, wie es in Goethes *Römischen Elegien* als „das Geheimniß" der Eleusinien erscheint: „Und was war das Geheimniß? als daß Demeter die Große / Sich gefällig einmal auch einem Helden bequemt, / Als sie dem edlen Jasion, dem rüstigen König der Kreter, / Ihres unsterblichen Leibs holdes Verborgne gegönnt." (S. 14) Diese Vereinigung von Mensch und Gott (unio mystica) ahmten die Priester in Eleusis durch ein „mystisches Ruhebett" nach, welches symbolisierte, dass sie „sich bildlich mit der Gottheit vermählten". (Anton, S. 54 f.) Darüber hinaus ist Helena in ihrer Unsterblichkeit göttlich dargestellt und ist an und für sich eine Göttin. Das Götterpaar Zeus und Nemesis sind als die Eltern der Helena bekannt (bspw. Pausanias, S. 146, 1,33,7). Außerdem kennt man die Verehrung Helenas als Vegetationsgöttin unter anderem aus Sparta und von Rhodos. Auf Rhodos verehrte man Helena als „Baumhelena", was darauf zurückgehen soll, dass die Helena auf der Insel an einem Baum erhängt worden sei.
[118] Platon/Niethammer: *Symposion*, S. 353.
[119] *Faust II*, V. 11563.

Es kann die Spur von meinen Erdetagen
Nicht in Aeonen untergehn. –
Im Vorgefühl von solchem hohen Glück
Genieß' ich jetzt den höchsten Augenblick.[120]

***Helena, die griechische**, das Urbild der Schönheit, welches den blutigen trojanischen Krieg entzündete, gefeiert von Homer, nach der Mythe die Tochter Jupiter's und der Leda.* (aus: *Damen Conversations Lexikon*)[121]

(Bildinformationen: Helena auf ihrem Lager sitzend umgeben von Gefolge, das ihr einen Blätterkranz auf dem Haupte sowie eine Sandale zu Füßen anlegt, während die Dienerin im Hintergrund der Liege sitzend noch ein Schmuckkästchen bereithält; oben ein Eros, der mit Tänie zu Helena fliegt; rechts Paris. Quelle: *Ausführliches Lexikon der griechischen und römischen Mythologie*, W. H. Roscher.)

---

[120] *Faust II*, V. 11583-11586.
[121] *Damen Conversations Lexikon*, Artikel „Helena, die griechische", S. 234.

7. Abschließende Worte

Meine Darstellungen haben nun nur einen Teil der Mysterienbilder aus der Dunkelheit hervorgeholt und haben nur einen Teil ihrer Deutungsaspekte vorgestellt – oder... ist es mehr eine naive Vorstellung, eine naive Hoffnung, dass mit meinem Beitrag die Mysterienbilder und -inhalte langsam etwas aus ihrer Versenkung hervortreten mögen? Ich möchte die negativen Gedanken, die mich an dieser Stelle überkommen, lieber nicht weiter ausführen. Stattdessen möchte ich kurz auf Goethes *Der Zauberflöte zweyter Theil* verweisen, worin ich eine Allegorie des ägyptischen Sonnengottes entdeckt habe, die nach meiner sehr, sehr intensiven Recherche der Forschung bisher noch unbekannt geblieben war.[122] Also es handelt sich um das gleiche Motiv bzw. Prinzip aus den Einweihungsmysterien, das ebenfalls als Sonnenlauf und Weg des Einzuweihenden ganz wesentlich in der *Faust*-Dichtung zur Geltung kam. In diesem Sinne ist Goethes *Zauberflöten*-Fortsetzung ein interessanter Vergleichspunkt, der das Motiv von der Nachahmung des Sonnengottes nochmal veranschaulichen kann.

Nun... bevor mir diese negativen Gedanken in den Sinn kamen, wollte ich mit meinen abschließenden Worten eigentlich darauf hinaus, dass es in der *Faust*-Dichtung noch viele Bilder und Inhalte im Geiste der Mysterien zu entdecken gibt; und ich möchte dazu einladen, diesen weiter nachzuspüren – um mit Goethes Worten abzuschließen:

> *Eleusis servat quod ostendat revisentibus*
> *[Eleusis bewahrt für sich, was es erst den Wiederkehrenden offenbaren mag. (Seneca: Naturales quaestiones VII, 31,6.)]*

---

[122] Cebadal: *Goethes: Die Zauberflöte II. Die Entdeckung von Goethes ägyptischen Mysterien im Bindeglied zwischen Mozarts „Zauberflöte" und der „Faust"-Dichtung. Vollständiges Textbuch von Goethes „Der Zauberflöte zweyter Theil – Fragment" mit einer Einleitung und Neuinterpretation von George Cebadal.*

und es soll mich freuen, wenn dießmal auch das Geheimnißvolle zu öfterer Rückkehr den Freunden Veranlassung gibt. Hiebey darf nicht unerwähnt bleiben, daß ich mit der vierten Lieferung meiner Werke zu Ostern die ersten Scenen des zweyten Theils von Faust mitzutheilen gedenke, um aus manche Weise ein frisches Licht aus Helena, welche als der dritte Act des Ganzen anzusehen ist, zurückzuspiegeln.

Auch wegen anderer dunkler Stellen in früheren und späteren Gedichten möchte ich Folgendes zu bedenken geben: Da sich gar manches unserer Erfahrungen nicht rund aussprechen und direct mittheilen läßt, so habe ich seit langem das Mittel gewählt, durch einander gegenüber gestellte und sich gleichsam in einander abspiegelnde Gebilde den geheimeren Sinn dem Aufmerkenden zu offenbaren.

Da alles, was von mir mitgetheilt worden, auf Lebenserfahrung beruht, so darf ich wohl andeuten und hoffen, daß man meine Dichtungen auch wieder e r l e- b e n wolle und werde. Und gewiß, jeder meiner Leser findet es an sich selbst, daß ihm von Zeit zu Zeit bey schon im Allgemeinen bekannten Dingen noch im Besonderen etwas Neues erfreulich aufgeht, welches denn ganz eigentlich uns angehört, indem es von einer wachsenden Bildung zeugt und uns dabey zu einem frischen Gedeihen hinleitet. Geht es uns doch mit allem so, was irgend einen Gehalt darbietet oder hinter sich hat.[123]

---

[123] Goethe: *An Iken am 27.9.1827*, S. 82 f.

8. Anhang

8.1 Sokrates' Mysterien der Liebe in Platons *Symposion*

Sokrates berichtet in Platons *Symposion* von den Mysterien der Liebe, über die er durch die Diotima von Mantinea unterrichtet worden ist und die er dort mit ihren Worten weiterempfehlen möchte.

8.1.1 Unsterbliche Kinder

Der erste Ausschnitt beginnt mit den von Sokrates wiedergegebenen Worten der Diotima an ihn, und bezieht sich im Weiteren auf die unsterblichen Kinder (wie den unsterblichen Andenken aus Dichtkunst, Gesetzgebung und Staatenführung – ausgedrückt in *Faust II* durch Fausts Sohn Euphorion, ein Sinnbild der Dichtkunst,[a] und Fausts Herrschaft im 4. Akt[b]):

[„]Nun hoffe ich, wirst du leicht begreifen, warum jedes Wesen ein so heftiges Verlangen fühlt, aus sich selbst etwas zu erzeugen, und das erzeugte zu erhalten. Das Streben nach Unsterblichkeit erklärt alle diese Erscheinungen." – – Ganz verwundert über diese Argumentation, sagte ich: das ist nun wohl recht schön philosophirt, weise Diotima; aber, sag mir doch, verhält es sich auch so in der Wirklichkeit? – Darauf antwortete sie mir ganz im Geiste eines Eingeweihten – – „Das kannst du ganz sicher glauben, Sokrates. Ohne das zu verstehen, was ich dir eben gesagt habe, müßte dir die

---

[a] Der Euphorion trägt eine goldene Leyer und erscheint auch sonst „völlig wie ein kleiner Phöbus" (V. 9620) und ist in dieser Erscheinung des Gottes der Dichtkunst ein Sinnbild für die (göttliche) Dichtkunst; und dabei eben Fausts Sohn – ähnlich wie auf der Deutungsebene von der Synthese zwischen Klassik (Helena) und Romantik (Faust), nur dass sich auf dieser Deutungsebene der Mensch (Faust) mit dem Urschönen/Göttlichen (Helena) vereinigt.

[b] Fausts Resümee nach hat er als Herrscher unter anderem „Räume vielen Millionen" (V. 11563) eröffnet und unter seiner Herrschaft ist „Grün das Gefilde, fruchtbar" (V. 11565). Entsprechend meint Faust anschließend: „Es kann die Spur von meinen Erdetagen / Nicht in Aeonen untergehn. –" (V. 11583 f.)

Ehrbegierde der Menschen, als etwas ganz vernunft-widriges,
unbegreiflich vorkommen. Bedenke nur, in was für einen
leidenschaftlichen Zustand diese Begierde, sich einen Namen zu
machen und sich unsterblichen Ruhm zu erwerben, die
Menschen sezt. Was sie selbst für ihre Kinder nie thun würden,
sind sie im Stande für diese bloße Idee zu wagen. Keine Gefahr,
kein Opfer, keine Mühseligkeit ist so groß, die sie nicht
übernähmen, bereit dem Tode selbst entgegen zu gehen, wenn
es darauf ankommt, dieses Gut zu erreichen. Würde wohl
Alceste für Admet gestorben, Achill dem Patroklus im
Rächertode gefolgt, Kodrus der Herrschaft seiner Söhne durch
einen freiwilligen Tod vorangegangen sein: hätte nicht sie alle
die Hoffnung geleitet, in dem unsterblichen Andenken an ihre
große That, das ihnen auch nun wirklich gefolgt ist, sich selbst
zu überleben? Ganz gewiß nicht. Ich bin vielmehr überhaupt
überzeugt, daß nichts anders als die Unsterblichkeit großer
Handlungen und die Begierde nach dem Ruhm sie gethan zu
haben, die allgemeine Triebfeder ist, die bei allen alles wirkt:
und zwar am stärksten bei den edelsten; denn es ist edel, nach
Unsterblichkeit ringen. Aber dieses allgemeine Streben nach
Unsterblichkeit äussert sich auf verschiedene Art. Einige
Menschen, bey welchen mehr körperlicher Bildungstrieb
herrscht und die eben darum eine stärkere Neigung gegen das
weibliche Geschlecht fühlen, hoffen Unsterblichkeit, Nachruhm
und Glückseligkeit durch Kinderzeugen zu erlangen. Andere,
bei welchen sich mehr geistiger als körperlicher Bildungstrieb
zeigt, fühlen mehr einen Drang, etwas zu erzeugen, was der
Natur des Geistes gemäß ist, das heißt, was auf Weisheit und
Tugend Beziehung hat. Zu diesen gehören nicht nur alle
***Dichter**, die Schöpfer ihres Stoffes, sondern auch von den*
Künstlern alle die, die Selbsterfinder sind. Der alleredelste und
*schönste Zweig dieser Philosophie ist aber ohne Zweifel **die***
***Kunst Staaten und Familien zu regieren** – die Weisheit und*
Gerechtigkeit, wie sie deswegen auch vorzugsweise genannt
wird. Wer nun aus diesem edleren Theile der Menschen den
Keim zu einem solchen Produkt des Geistes schon von seiner
Kindheit an in sich trägt, der hat etwas göttliches in seiner
Natur. Der Trieb zum Erzeugen erwacht in ihm, so bald er zu
einiger Reife gedeiht. Auch in ihm entsteht dann ein Streben
nach einem schönen Gegenstande (denn ein häßlicher ist dazu

gar nicht tauglich), durch welchen der in seiner Seele vorhandne Stoff entbunden werde. Sein Zustand bringt es also mit sich, daß er auch Körper, und zwar die schönen mehr als die häßlichen, liebt. Findet er aber einen schönen Körper mit einer schönen, edeln, fähigen Seele vereint, so wird seine ganze Zuneigung von diesem zweifach schönen Gegenstande gefesselt. Sein ganzes Herz öffnet sich sogleich gegen einen solchen Menschen; er sucht ihn zu unterrichten, er schildert ihm die Eigenschaften der Tugend, er lehrt ihn, was ein rechtschaffener Mensch sein und wie er handeln müsse. So geschieht es denn, daß dasjenige, was zuvor in seiner Seele noch unentwickelt im Keime lag, durch diese Vereinigung mit einem schönen Gegenstand gleichsam geboren wird, und diese neugeborne Ideen durch die beständige Erinnerung an den geliebten Gegenstand von ihnen gleichsam gemeinschaftlich großgezogen werden. Deswegen ist auch das Band, das zwei solche Wesen vereinigt, weit fester als die Bande zweier Sinnlichliebenden; ihre wechselseitige Liebe weit dauerhafter, weil die Geisteskinder, welche aus ihrer Vereinigung hervorgehen, schöne, für die Unsterblichkeit gereifte Früchte sind. Wer sollte nun nicht lieber wünschen, solchen Kindern, als sterblichen Wesen, das Dasein gegeben zu haben. Fordern doch so glänzende Beispiele zur Nacheiferung auf. Man sehe nur den Homer, oder Hesiod, oder andre vortrefliche Dichter, deren Geisteskinder, selbst unsterblich, ihren Urhebern unsterblichen Ruhm bei der spätesten Nachwelt sichern; oder Lykurg, dessen Kinder, seine Gesetze, die Retter von Sparta, ja man kann sagen, von ganz Griechenland wurden; oder Solon mit seinen Gesetzen, und so viele andre in und ausser Griechenland verehrte Männer, die so viele schöne Thaten erzeugt, und tugendhafte Handlungen aller Art vollführt haben, denen auch dieser ihrer Geisteskinder wegen hie und da Tempel und Altäre errichtet wurden – eine Ehre, die nirgend einem Sterblichen seiner sterblichen Kinder wegen widerfuhr.

(Platon/Niethammer: *Symposion*, S. 350-354.)

8.1.2 Der Weg zur Urschönheit und die aus dem Ur-schönen entstehenden Taten der Unsterblichkeit

Dieser Ausschnitt bezieht sich auf das Urschöne, für welches Helena ein Sinnbild ist, das Faust erblickt und mit dem er sich vereinigt, um anschließend aus dieser Vereinigung seine unsterblichen Kinder der Dichtkunst (Euphorion als Sinnbild göttlicher Dichtkunst) und der Staatenverwaltung (Fausts Herrschaft im 4. Akt von *Faust II*) zu gebären; außerdem wird der Weg zur Urschönheit von seinem Anfange hier nochmalig angesprochen:

Er steht nun an dem Ziele, wohin alle vorhergegangne Bemühungen allein abzweckten; Ihm offenbaret sich nun mit einemmale der Anblick der ewigen Urschönheit, jenes ausserordentlichen Wesens. Ewig ist diese Schönheit, keinem Entstehen und keinem Vergehen, keinem Zuwachse und keiner Abnahme unterworfen. Eben darum ist sie auch nicht bloß einem ihrer Theile nach, nicht bloß in einem gewissen Verhältniß, nicht bloß zu einer gewissen Zeit, nicht bloß an einem gewissen Ort schön, einem andern Theil nach, in einem andern Verhältniß, zu einer andern Zeit, an einem andern Orte hingegen häßlich; folglich auch nicht bloß für den einen Menschen schön, für den andern häßlich. Sie ist kein Objekt einer Anschauung, wie eine Person, eine Hand, oder sonst ein körperlicher Gegenstand; kein Begriff, keine Idee. Sie ist kein Akzidenz irgend eines Subjektes, z. B. eines lebenden Geschöpfs, weder auf der Erde, noch im Himmel, noch sonst irgendwo. Sondern sie ist an und für sich selbst, ohne Wechsel und ohne Beimischung eines fremdartigen Stoffes, nur sich selbst gleich. Alles was schön ist, ist es nur dadurch, daß es ein Theil von ihr ist; sie selbst aber leidet weder einen Zuwachs noch eine Abnahme, noch eine andre Veränderung, jene mögen entstehen oder vergehen. Wer also, durch die Liebe für seinen Liebling richtig geleitet, sich von der Neigung von diesem allmählich zum Anschauen dieser ewigen Schönheit erhoben hat, der hat den Grad der Vollendung beinahe erreicht. Seine Liebe richtig leiten, oder von einem andern richtig leiten lassen, heißt deswegen auch nichts anders, als seine Neigung für ein schönes Individuum als den Anfang gebrauchen, von welchem man, bloß um der Urschönheit als des Endzweckes willen, seine Betrachtung der Schönheit, von einem Gegenstande zum andern fortschreitend, erweitert und an diesen schönen Gegenständen gleichsam wie auf Stufen, von Einem schönen Körper zu mehrern, von mehrern nach und nach zu allen, von den schönen Körpern zu schönen Handlungen, von den schönen Handlungen zu schönen Wissenschaften aufsteigt, bis man endlich bei derjenigen Erkenntniß aufhört, welche nichts als das absolut Schöne zum Gegenstand hat, und nun, eingeweiht in den lezten Grad der Geheimnisse dieser Weisheit, die Urschönheit selbst erkennt.

[//]

Helena (Friedrich Pecht)

[//]

Hier, fuhr die Mantineenserin fort, hier, lieber Sokrates, wo der Mensch zum Anblick der ursprünglichen Schönheit selbst gelangt ist, wird sein Leben erst ein wahres Leben. Diese Schönheit – gelingt dirs einst, sie zu schauen – wird dir in einem weit herrlicheren Lichte erscheinen als Gold und Kleider, und Knaben und Jünglinge – Gegenstände, deren Anblick dich doch schon so entzückt, daß du und viele andere, welche diese Gegenstände ihrer Neigung unaufhörlich beschauen, und, von ihnen unzertrennlich sind, wenns möglich wäre, ohne zu essen und zu trinken, in unaufhörlicher Anschauung verloren, mit ihnen auf immer unzertrennlich vereinigt zu werden wünschet. Was muß es erst werden, wenn einem das Glück widerfährt, die Urschönheit selbst, ächt, rein, unvermischt, nicht verbunden mit körperlicher Masse oder Farben oder andern vergänglichem Tand, sondern in ihrem göttlichen Glanze, in der ganzen Reinheit ihrer Form zu erblicken? Glaubst du nicht, daß ein solcher Anblick, wo der Mensch das, was er eigentlich soll, gleichsam von Angesicht zu Angesicht schaut, und sich innig mit ihm vereint, sein Leben beneidenswerth machen müsse? Glaubst du nicht, daß er dann, wenn ihm dieser, einzig auf diese Art mögliche, Anblick der Urschönheit zu Theil geworden ist, große Thaten erzeugen müsse, die nicht bloß Schattenbilder von Tugenden sind, weil sie ihr Dasein nicht einer Vereinigung mit einer Truggestalt zu danken haben, sondern wahre wirkliche Tugenden, aus der Verbindung mit der wahren Urgestalt entsprossen? Sind aber durch diesen überirdischen Anblick wirkliche Tugenden in einem Menschen erzeugt und von ihm zur Reife gebracht worden, dann ist er ein Liebling der Götter; und ein solcher – wenns irgend eines Sterblichen Loos ist – ist der Unsterblichkeit Erbe. [c]

(Platon/Niethammer: *Symposion*, S. 357-360.)

---

[c] Zum Vergleich der letzten Worte noch die Übers. von Susemihl (S. 106): „Was sollen wir also wohl gar von dem glauben, dem es zuteil würde, das Ansichschöne lauter, rein und unvermischt zu erblicken und nicht verunreinigt mit Fleische und Farben und allem übrigen irdischen Tande, sondern der das Göttlichschöne selbst in seiner ureigenen Gestalt zu erschauen vermöchte? Glaubst du wohl, sprach sie, daß das Leben eines Menschen gering erscheinen könnte, der dorthin blickt und es mit den Werkzeugen anblickt und sich mit ihm vereinigt, mit denen es betrachtet sein und mit sich verkehren lassen will? Oder wirst du vielmehr inne, so schloß sie, daß es ihm hier allein gelingen wird, wenn er das Schöne mit dem Auge anschaut, welchem es allein wahrhaft sichtbar ist, nicht bloße Schattenbilder der Tugend zu gebären, da er ja auch nicht an einem Schattenbilde haftet, sondern die wahre Tugend, weil er sich mit der Wahrheit verbunden; wenn er aber die wahre Tugend gebiert und auferzieht, daß es ihm dann gelingt, ein Gottgeliebter zu werden, und, wenn irgend einem andern Menschen, so auch ihm unsterblich zu sein?

8.2 Bonmots

8.2.1 Mesomedes' *Isishymnus*

An Isis

Ein einziger Hymnus wird über die Erde hin
und auf den meerdurchfahrenden Schiffen
gesungen, in den vielgestaltigen, hochgemuten
Festen eine einzige Mysterienweihe:
Isis mit dem großen Kuhhorn ist es,
die im Frühling, die in der Erntezeit,
die im Winter mit ihren Zügeln
die neuen Geburten herauführt.
Dich rufen (verehrend) an der Feuerritus des Hades
und die Hochzeit unter der Erde, [mit Persephone?]
die Geburtswehen der Pflanzen,
der sehnsüchtige Drang der Liebesgöttin, [Aphrodite?]
die Geburt des Kindes,
das weihevolle Feuer, von dem man nicht sprechen darf,
die Kureten (Tänzer) der Rhea,
und das, was Kronos abgemäht hat.
Alle Städte, durch die (Triptolemos) mit dem Wagen fährt,
tanzen in den Weihehäusern
*für Isis.**
Alt. Übers. der Schlussworte:
den Ährenschnitt des Kronos,
Städte für den Wagenlenker
– alles wird durch die Weihehallen (anaktora) hindurch
für Isis getanzt.**

---

* Übers. aus: Merkelbach, *Isis regina – Zeus Sarapis*, S. 226 f.
** Übers. aus: Burkert, *Antike Mysterien*, S. 79.

8.2.2 Aus der *Olympischen Rede* von Dion Chrysostomos

Es ist ungefähr so, wie wenn jemand, ein Grieche oder ein Ausländer, zur Einweihung in den Mysterienkult an einen heimlichen, abgeschiedenen Ort von übernatürlicher Schönheit und Größe gebracht würde. Dort sieht er viele mystische Erscheinungen und hört viele mystische Stimmen. Abwechselnd wird es hell und dunkel um ihn her, und zahllose andere Dinge geschehen, bis die Weihepriester schließlich, wie es bei dem sogenannten Thronismus üblich ist, die Novizen auf einen Stuhl setzen und im Kreis um sie herumtanzen. Ist es da wahrscheinlich, daß dieser Mann vollkommen ungerührt bleibt und nicht ahnt, daß all diese Geschehnisse das Ergebnis klugen Vorbedachts und sorgfältiger Vorbereitung sind, selbst wenn er aus dem fernsten und unbekanntesten Ausland käme und niemand zur Hand wäre, der ihm die Zeichen deuten und erklären könnte – wenn er nur eine menschliche Seele hat? Oder sollte das undenkbar sein, das ganze Menschengeschlecht insgesamt aber, das die vollkommene und wahrhaft höchste Weihe erhalten hat – nicht in einem kleinen Gebäude, das die Athener für eine geringe Anzahl errichtet haben*, sondern in diesem Weltall, diesem kunstreich und klug ausgedachten Bau, in dem jeden Augenblick unzählige Wunder geschehen, wo nicht Menschen, die mit Einzuweihenden auf der gleichen Stufe stehen, sondern unsterbliche Götter Sterbliche einweihen und, wenn ich so sagen darf, mit Tag und Nacht, mit dem Licht der Sonne und der Sterne in alle Ewigkeit geradezu umtanzen – das ganze Menschengeschlecht sollte für das alles kein Auge, kein Organ haben, zumal für den obersten Lenker des Alls, der den ganzen Himmel und die ganze Welt leitet, wie ein geschickter Steuermann sein vollkommen und tadellos ausgerüstetes Schiff steuert?**

* Bezug auf den Mysterientempel von Eleusis.
** Dion Chrysostomos: *Olympische Rede*, Übers. v. W. Elliger, S. 231 f.

8.2.3 *Aus Makariens Archiv*, Goethe

Die Geheimnisse der Lebenspfade darf* und kann** man nicht offenbaren; es gibt Steine des Anstoßes, über die ein jeder Wanderer stolpern muß. Der Poet aber deutet auf die Stelle hin.***

Sei nicht ungeduldig, wenn man deine Argumente nicht gelten läßt.****

* Erstens ist mit der Sprache der Geheimnisse/Mysterien das Adjektiv aporrheta (=verboten; bzw. bezeichnet aporrheton, worüber man nicht sprechen darf) eng verbunden.
** Zweitens ist mit der Sprache der Geheimnisse/Mysterien das Adjektiv arrheta (=unsagbar; bzw. bezeichnet arrheton, worüber man nicht sprechen kann) eng verbunden.
*** Goethe: *Aus Makariens Archiv*, S. 73.
**** Goethe: *Aus Makariens Archiv*, S. 94.

9. Weitere Literaturinformationen

– **Anonymus [a. 1785]:** *Die Mysterien der Ceres von Eleusis.*
Vertheidigt gegen die Spöttereyen des Verf. des Horus und in dem Endzwecke ihrer Stiftung verglichen mit dem Endzwecke der Stiftung der Freymäurergesellschaft, „im Thale Josaphat" 1785.

– **Anonymus [a. 1787]:** *Characteristick der Alten Mysterien für Gelehrte und Ungelehrte, Freymäurer und Fremde, aus den Original-Schriftstellern.*
Frankfurt/Leipzig 1787.

– **Anonymus [a. 1796]:** *Jesua Jaob an die Wanderer im Thale Josaphat.*
„Philadelphia 1496" [i. e. Leipzig 1796].

– **Anton, Hugo Saintine:** *Die Mysterien von Eleusis.*
Naumburg a. S. 1899.

– **Apuleius:** *Metamorphosen.*
Apulejus: *Der goldene Esel*, Übers. von August Rode, Dessau 1783.

– **Assmann/Ebeling:** *Ägyptische Mysterien. Reisen in die Unterwelt in Aufklärung und Romantik.*
München 2011.

– **Assmann:** *Das verschleierte Bild zu Sais. Schillers Ballade und ihre ägyptischen und griechischen Hintergründe.*
Leipzig/Stuttgart 1999.

– **Assmann:** *Die Zauberflöte. Oper und Mysterium.*
München 2005.

– **Bonnet:** *Lexikon der ägyptischen Religionsgeschichte.*
Hamburg 2005.

– **Born:** *Ueber die Mysterien der Aegypter.*
Journal für Freymaurer, Bd. 1,1, Wien 1784, S. 15-132.

– **Briefwechsel.**
Briefwechsel zwischen Schiller und Goethe in den Jahren 1794 bis 1805, hrsg. in der Cotta'schen Buchhandlung, Bd. 2, Stuttgart 1856.

– **Burkert:** *Antike Mysterien.*
München 2012.

– **Carlile, Richard:** *Manual of Freemasonry.*
Hrsg. von Celephaïs Press, Leeds 2008/2009.

– **Cebadal:** *Goethes: Die Zauberflöte II. Die Entdeckung von Goethes ägyptischen Mysterien im Bindeglied zwischen Mozarts „Zauberflöte" und der „Faust"-Dichtung. Vollständiges Textbuch von Goethes „Der Zauberflöte zweyter Theil – Fragment" mit einer Einleitung und Neuinterpretation von George Cebadal.*
Norderstedt 2016.

– *Damen Conversations Lexikon.*
Hrsg. von Carl Herloßsohn, Bd. 5, Adorf/Leipzig 1835.

– **Dion Chrysostomos:** *Olympische Rede.*
Sämtliche Reden. Dion Chrysostomos, Übers. von Winfried Elliger, Zürich 1967.

– *Duden.de.*
URL zum zitierten Artikel „faustisch":
https://www.duden.de/node/138937/revision/138973 (Abrufdatum: 16.05.2020)

– **Eckermann:** *Gespräche mit Goethe in den letzten Jahren seines Lebens.*
Gespräche mit Goethe in den letzten Jahren seines Lebens, hrsg. von Heinrich Dünker, Leipzig 1885.

– **Goethe:** *An den Kanzler Friedrich von Müller am 24. Mai 1828.*
Goethes Werke. Hamburger Ausgabe, Bd. 13, Hamburg 1948 ff., S. 48 f.

– **Goethe:** *An Iken am 27.9.1827.*
Goethes Werke. Weimarer Ausgabe, Abt. 4, Bd. 43, Weimar 1887–1912, S. 194-219.

– **Goethe:** *Aus Makariens Archiv.*
In: *Maximen und Reflexionen*, hrsg. von Michael Holzinger, Berlin 2016, S. 73-94.

– **Goethe:** *Die Natur.*
Goethes Werke. Hamburger Ausgabe, Bd. 13, Hamburg 1948 ff., S. 45-47.

– **Goethe:** *Römische Elegien.*
Goethes römische Elegien nach der ältesten Reinschrift, hrsg. von Albert Leitzmann, Bonn 1912.

– **Goethe:** *Selige Sehnsucht.*
Berliner Ausgabe. Poetische Werke, Bd. 3, Berlin 1960 ff, S. 21 f.

– **Goethe:** *West-östlicher Divan.*
An Suleika. Zum West-östlichen Divan. In: *Goethe's nachgelassene Werke*, hrsg. in der Cotta'schen Buchhandlung, Bd. 16 (bzw. Bd. 56 nach *Goethe's Werke. Vollständige Ausgabe letzter Hand*), Tübingen 1842, S. 116-119.

– Herders Conversations-Lexikon.
Hrsg. von der Herder'sche Verlagsbuchhandlung, Bd. 2, Freiburg im Breisgau
1854.

– Holzmann, Adolf: *Neues und möglichst vollständiges Lateinisch-deutsches und Deutsch-lateinisches Taschenwörterbuch.*
Bd. 1, Leipzig 1813.

– Kant: *Kritik der Urteilskraft.*
Hrsg. von Karl Vorländer, Leipzig 1922.

– Kotzebue: *Die Griechen.*
Eine Skizze für Damen. Zweites Buch. In: *August's von Kotzebue ausgewählte prosaische Schriften,* hrsg. von Ignaz Klang, Bd. 16, Wien 1842.

– Kreil, Anton: *Ueber die eleusinischen Mysterien.*
Journal für Freymaurer, Bd. 3,2, Wien 1786, S. 5-42.

– Merkelbach: *Isis regina – Zeus Sarapis.*
Die griechisch-ägyptische Religion nach den Quellen dargestellt, Leipzig 2001.

– Mozart/Schikaneder: *Die Zauberflöte.*
Schikaneder, Johann Emanuel: *Die Zauberflöte. Große Oper in zwey Aufzügen,* hrsg. von Michael Holzinger, Berlin 2014.

– Ovid: *Metamorphosen.*
Übers. von Michael von Albrecht, Stuttgart 2015.

– Paine, Thomas: *On The Origin of Free Masonry.*
Hrsg. von Richard Carlile, London 1826.

– Pausanias.
Des Pausanias ausführliche Reisebeschreibung von Griechenland, Übers. von Johann Eustachius Goldhagen, Bd. 1, Leipzig 1766.

– Pierer's Universal-Lexikon.
Hrsg. von der Verlagsbuchhandlung von H.A. Pierer, Bd. 5, Altenburg 1858.

– Pike, Albert: *Morals and Dogma of the Ancient and Accepted Scottish Rite of Freemasonry.*
New York 1874.

– Platon: *Phaidon.*
Platon. Sämtliche Werke, Übers. von Friedrich Daniel Ernst Schleiermacher, Bd. 1, Berlin 1940, S. 731-811.

– Platon/Niethammer: *Symposion.*
Das Gastmahl von Plato oder Gespräch über die Liebe. In: *Neue Thalia. Zweyter Band, welcher das vierte bis sechste Stück enthält,* hrsg. von Friedrich Schiller, Leipzig 1792, S. 170–228 u. S. 324–386.

– Platon/Susemihl: *Symposion.*
Das Gastmahl. In: *Platon's ausgewählte Schriften,* hrsg. von Georgii/Susemihl, Abt. 1, Stuttgart 1859, S. 40-126.

– Plutarch: *Isis und Osiris.*
Plutarch. Über Isis und Osiris, hrsg. von Gustav Parthey, Berlin 1850.

– Plutarch, *Ueber die Inschrift Ei im Tempel zu Delphi.*
Plutarchs moralische Abhandlungen, Übers. von Johann Friedrich Salomon Kaltwasser, Bd. 3, Frankfurt am Main 1786, S. 483-515.

– Plutarch: *Ueber die Unsterblichkeit der Seele.*
Plutarchs moralische Abhandlungen, Übers. von Johann Friedrich Salomon Kaltwasser, Bd. 5, Frankfurt am Main 1793.

– Schröder, Burkhard: *Aufnahme in die Bruderschaft.*
URL: https://www.burks.de/artikel/maurer.html (Abrufdatum: 03.05.2020)

– Schiller: *Die Sendung Moses.*
Friedrichs von Schiller sämmtliche Werke, hrsg. von Johann Friedrich Cotta, Bd. 7, Stuttgart/Tübingen 1819, S. 60-95.

– Schiller: *Die Worte des Wahns.*
Schillers Sammtliche Werke, hrsg. von Karl Goedeke, Bd. 2, Stuttgart 1873, S. 323.

– Vollmer: *Wörterbuch der Mythologie.*
Stuttgart 1874.

————

– Faust I.
Goethe: *Faust. Eine Tragödie,* hrsg. in der Cotta'schen Buchhandlung, Tübingen 1808.

– Faust II.
Goethe: *Faust. Der Tragödie zweiter Teil.* In: *Goethe's Werke. Vollständige Ausgabe letzter Hand,* hrsg. in der Cotta'schen Buchhandlung, Bd. 41, Stuttgart/Tübingen 1832.